CW01627970

Bruño

PARALELO CERO

Valentín Beato, 21
28037 Madrid
www.brunolibros.es

ISBN: 978-84-696-6633-3
Depósito legal: M-25412-2021

PRIMERA EDICIÓN: marzo 2015
SEGUNDA EDICIÓN: noviembre 2015
TERCERA EDICIÓN: diciembre 2016
CUARTA EDICIÓN: marzo 2017
QUINTA EDICIÓN: febrero 2018
SEXTA EDICIÓN: noviembre 2018
SÉPTIMA EDICIÓN: abril 2019
OCTAVA EDICIÓN: febrero 2020
NOVENA EDICIÓN: noviembre 2020
DÉCIMA EDICIÓN: octubre 2021
UNDÉCIMA EDICIÓN: noviembre 2022
DUODÉCIMA EDICIÓN: febrero 2023
DECIMOTERCERA EDICIÓN: agosto 2023
DECIMOCUARTA EDICIÓN: diciembre 2023

PARALELO CERO

Dirección del proyecto editorial:
Trini Marull

Dirección editorial:
Isabel Carril

Coordinación editorial:
Begoña Lozano

Edición:
Carmina Pérez

Diseño:
Emilio Rebull

Cubierta:
Elsa Suárez Girard

Cubierta:
Montaje fotográfico con imágenes de Istock y Pexel

PAPEL DE FIBRA
CERTIFICADA

PARALELO CERO

Deja en paz a los muertos

J. R. Barat

Podrás medir el cielo y la tierra,
pero nunca la mente humana.

Proverbio chino

Capítulo primero

Bienvenidos al paraíso

Nunca olvidaré el día en que vi el pueblo por primera vez.

Habíamos tomado el tren al amanecer en la estación de Atocha y las horas iniciales las pasé adormilado, mecido por el traqueteo del ferrocarril. Cuando desperté eran más de las diez. Mi madre leía un libro a mi lado y en el asiento de enfrente mi hermana dormitaba acurrucada junto a mi padre, que me contemplaba con expresión risueña. Miré por la ventanilla. El tren atravesaba tierras llanas y polvorientas, y de vez en cuando a lo lejos podía distinguirse alguna ciudad con su campanario o su castillo encaramado a un cerro.

El tren nos dejó en Águilas y desde allí tuvimos que seguir en taxi, porque el autobús no salía hasta media tarde. Por fortuna, nuestro destino no estaba ya demasiado lejos. El taxista enfiló por una carretera comarcal y al poco rato, al doblar una curva, al pie de unos montes negros nos topamos con el pueblo marinero.

–¡Guau! –gritó entusiasmada mi hermana.

Mi padre sonrió.

–Tendrás que aprender a nadar –la amenazó con un guiño.

Cerca de allí se divisaban unos grandes acantilados con un faro y un oscuro bosque de eucaliptos que se perdía hacia la parte norte del paisaje. Por el lado sur, un pequeño barranco serpenteaba en medio de un secarral.

–¡Ya era hora! –rezongó mi madre entre bostezos–. ¡Creí que no íbamos a llegar nunca!

A medida que nos acercábamos, comprobamos que el pueblo era algo más grande de lo que nos había parecido en un principio. Las casas, de color blanco en su mayoría, tenían una o dos plantas y un antejardín con arbustos y flores de colores muy vivos. Por las calles transitaba gente con aspecto veraniego.

–¡Bienvenidos al paraíso! –exclamó alegremente mi padre.

El paraíso se llamaba Gélver. Al localizarlo en el mapa, mi madre había pronosticado que sería un lugar ideal para nuestras vacaciones porque se encontraba «apartado del mundanal ruido», deleitándonos con uno de esos alardes literarios a los que era tan aficionada. Mi padre, mucho más prosaico para las cuestiones geográficas, expresó su particular opinión en lenguaje coloquial:

–¡Vuestra madre quiere decir que eso está en el culo del mundo, chicos!

Gélver era una pequeña localidad de unos tres o cuatro mil habitantes. El paseo con el taxi por las calles del pueblo hasta llegar a la casa que habíamos alquilado fue muy agradable, porque el aire olía a césped recién cortado y a mar, y el cielo, poblado de pájaros, mostraba un color azul increíble.

La vivienda estaba casi en las afueras de la población, muy cerca de la playa. Constaba de dos plantas y la rodeaba un gracioso jardín sombreado por un ficus. Las hierbas crecían por todas partes, y una enorme hiedra con flores moradas trepaba por una de las paredes de la casa.

La dueña, una mujer de rostro amable, que debía de tener la edad de mis padres, nos estaba esperando en la puerta. Vestía completamente de negro.

–Hola. Yo soy Palmira.

La casa resultaba acogedora. El salón tenía dos grandes ventanales que lo llenaban todo de luz. Uno de ellos daba al mar y el otro hacia el acantilado, el bosque y el faro. Había una gran chimenea y, en el centro de la estancia, una mesa redonda con un jarrón lleno de flores recién cortadas. Una escalera de madera conducía al piso superior.

–Sus equipajes llegaron sin contratiempos ayer por la mañana. Espero que lo encuentren todo a su gusto.

Mi padre estaba exultante. Dio unas cuantas vueltas por la casa y comprobó que sus indicaciones habían sido seguidas al pie de la letra.

–*Parfait!* –exclamó.

–Cuando me necesiten para algo no tienen más que llamarme. Mi casa es aquella que se ve allí –dijo señalando por un ventanal–. La de la valla amarilla.

–Gracias, Palmira. Es usted muy amable.

La casera nos dejó solos. Mi padre y mi madre se abrazaron como en sus mejores tiempos y se fundieron en un beso. Yo miraba a todas partes completamente fascinado y mi hermana Irene se había quedado con la boca abierta.

–¡Guau! –dijo al fin, cuando recobró el habla.

Mi habitación tenía una gran ventana, orientada hacia el acantilado, una estantería casi vacía, una mesa y un armario muy espacioso.

Estaba colocando mis cosas cuando apareció Irene, excitadísima.

–¿Qué haces?

–Ya ves. Organizándome.

–¿Qué tal la habitación?

–Estupenda. ¿Y la tuya?

–¡Guau!

Irene suele usar la expresión ¡Guau! cuando una cosa le gusta mucho. Supongo que en su *ilimitado* vocabulario no hay otra palabra que manifieste con mayor exactitud lo que quiere comunicar.

En ese momento comenzó a sonar *El Danubio azul* de Strauss. Irene y yo lo conocíamos de sobra porque era el vals favorito de mi madre. Nos asomamos al comedor y nos quedamos maravillados. Mis padres habían tomado la casa como un salón de baile y se dedicaban a danzar sorteando muebles al compás de los violines.

–¡Están como cabras! –susurré en voz baja.

–¡No! –se rebeló Irene–. ¡Están enamorados!

Aunque tenía solo doce años, mi hermana vivía saturada de literatura rosa.

–Me parece que será mejor que desaparezcamos –musité.

–¿Por qué? A mí me gusta ver cómo bailan.

–Como quieras. Yo me largo.

La cocina tenía una pequeña puerta que comunicaba con la parte trasera de la casa. Abrí la cancela y comencé a caminar por un sendero que zigzagueaba hacia la playa. Detrás de mí se iba quedando rezagada la música de Strauss y poco a poco me iba envolviendo el silencio de la tarde.

De pronto, comencé a escuchar otra música, la del mar. Y me sentí feliz.

Capítulo segundo

Todos los muñecos tenían el mismo rostro

El sendero me condujo hasta un pequeño altiplano que terminaba en un terraplén de unos cuatro o cinco metros sobre la orilla del mar.

Me senté en una roca y permanecí durante un largo rato observando el espectáculo que se ofrecía a mis ojos. En la línea del horizonte divisé un punto negro que debía de ser un barco. A los pocos minutos había desaparecido. A mi izquierda, a unos tres kilómetros, se encontraba el acantilado con el faro y, tras él, el bosque que se perdía en los montes. El terreno que llevaba hasta allí era bastante escarpado. Seguramente habría alguna carretera interior de acceso, pero desde mi posición no podía verla. A mi derecha se extendía la playa, accidentada y rocosa, y un poco más allá el pueblo, con alguna casita que llegaba casi hasta el agua.

El sonido de unas gaviotas me hizo volver la cabeza hacia el faro y mis ojos descubrieron, a unos treinta metros, a una persona que contemplaba fijamente el mar.

¡Era imposible no haberla visto antes! ¿De dónde había salido?

Me acerqué con curiosidad y advertí que se trataba de un chico de mi edad y que parecía no haber reparado en mi presencia.

–¡Hola! –saludé tímidamente.

Entonces me miró. Tenía el pelo rubio, y sus ojos de un azul casi transparente revelaban una profunda tristeza. Daba la impresión de haber llorado.

–¡Hola! –respondió–. Tú eres Daniel, ¿verdad?

Me quedé de piedra.

–¿Cómo sabes mi nombre?

–Gélver es demasiado pequeño.

La respuesta habría sido satisfactoria dos días más tarde, pero yo acababa de llegar al pueblo hacía apenas unas horas y nadie me conocía todavía. El muchacho volvió sus ojos hacia el mar y pareció olvidarse de mí.

–¿Cómo te llamas? –pregunté.

Tardó unos instantes en responderme. Tuve tiempo de sentarme y contemplar los movimientos de tres gaviotas que se habían posado a unos metros de nosotros.

–Ángel Rosé –dijo sin volverse.

–No te he visto llegar.

–¿Te gusta la casa? –preguntó sin hacer caso de mi observación.

–¿La casa? Sí. Es muy bonita.

El sol se posaba con suavidad sobre la línea de los montes, como una gran naranja de fuego.

–A mí también me gustaba mucho.

Las enigmáticas palabras me parecieron venir de muy lejos; igual que una voz o una música que suena al otro lado de un tabique. Volví los ojos y descubrí con sorpresa que no había nadie junto a mí.

El muchacho había desaparecido misteriosamente.

Regresé a casa perseguido por las sombras –las de la tarde y la de Ángel Rosé–, que se cernían sobre mí como fantasmas.

Por supuesto, no dije nada de aquel extraño personaje a mis padres durante la cena y menos aún a mi hermana. Me habrían tomado por loco. Pero no me pude quitar de la cabeza el rostro de aquel desconocido. Sus ojos transparentes se me aparecían por todos los rincones de la casa, y sus palabras retumbaban en mi cerebro como un eco apagado. Tenía la impresión de que en cualquier momento volvería a tropezarme con él.

Después de la cena dimos una vuelta por el pueblo. La gente paseaba por las calles o se sentaba en sillas de anea a la puerta de las casas.

En la plaza de la iglesia había una fuente y a su alrededor unos árboles y unos bancos donde vimos grupos de jóvenes. Un bar que se anunciaba como La Taberna de Nicolás tenía dispuestas las sillas y las mesas al aire libre, casi todas ocupadas.

Estábamos tomando unos helados cuando se nos acercó un hombre que fumaba un puro y que nos obsequió con una sonrisa postiza.

–Permítanme que me siente unos momentos con ustedes –dijo sentándose sin esperar consentimiento–. Soy Aurelio Espinosa, alcalde de la localidad. Solamente quiero darles la bienvenida y desearles una feliz estancia entre nosotros.

El hombre hablaba por los codos. Mientras se tomaba una bebida de nombre exótico y devoraba el puro con fruición, nos contó todo lo que desde su punto de vista debíamos saber como visitantes: las costumbres gastronómicas, el censo de habitantes, los milagros de los santos del lugar y los monumentos de interés cultural. Hizo una seña y al instante se acercó un muchacho que andaba por la plaza.

–Este es Gaspar, mi hijo.

El muchacho era una copia física del padre. Debía de tener mi edad, pero abultaba dos veces lo que yo.

–Vamos, Gaspar. Aquí tienes un par de nuevos amigos –dijo señalándonos a mi hermana y a mí–. Preséntales a tu pandilla.

Tanto Gaspar como nosotros nos quedamos cortados. Menos mal que mi padre salió en nuestra defensa.

–Quizá mañana, señor Espinosa. Hoy ha sido un día agotador. Tenga en cuenta que hemos llegado al pueblo a mediodía. En realidad, estábamos pensando en retirarnos ya.

Mi padre se levantó nada más terminar de hablar y los demás lo imitamos.

–Claro, claro. Faltaría más.

Don Aurelio se empeñó en invitarnos y dejó un billete sobre la mesa. Mientras mis padres se despedían de aquel hombre, del que no sabían cómo desprenderse, Irene se acercó a Gaspar.

–*Do you speak english?* –le preguntó de repente.

–¿Qué?

–*My name is Irene.*

Gaspar, atónito, buscó mis ojos, pero yo tampoco supe cómo reaccionar. Mi hermana tenía estas cosas. A la mínima oportunidad, te metía en un buen lío. El pobre chico debió de sentirse ridículo porque desapareció sin despedirse.

Tan pronto como me metí en la cama, me quedé profundamente dormido.

Soñé que Ángel Rosé emergía del mar con la piel verde, llena de escamas, y los ojos vacíos, que me tomaba de la mano y me hablaba en un idioma desconocido. Su mano estaba fría. Luego me conducía por un extraño pasadizo estrecho que tenía a ambos lados pequeñas hornacinas con velas encendidas. El pasillo desembocaba en una gruesa puerta con una vieja aldaba de hierro. Ángel me precedía en silencio. Andaba sin tocar el suelo y su piel, a la luz quebradiza de las llamas, cambiaba de color constantemente.

Abrió la puerta sin dificultad y penetramos en una cámara circular iluminada por dos hachas de cera sujetas a la pared con sendos candeleros. Mis ojos tardaron unos segundos en acostumbrarse a la penumbra, pero rápidamente descubrieron qué eran todos aquellos objetos amontonados como en un almacén de chatarra. Eran muñecos. Muchos de ellos estaban rotos y oxidados o cubiertos por el polvo y las telarañas.

Miré hacia las hachas de luz y observé que entre los dos candeleros había un espejo. Me acerqué saltando por encima de hierros y plásticos, pisando la cabeza de un muñeco que lanzó un grito estridente. Vi con estupor que la cera de los enormes cirios goteaba sangre y que lo que me había parecido un espejo no era sino una lápida blanca en la que había escrita una leyenda:

Ángel Rosé. 37-21-1-40-CIII.

En ese momento el muñeco de plástico que había pisoteado volvió a gritar con un llanto espantoso y todos los monigotes desperdigados por la sala lo imitaron. Me volví presa del pánico buscando a mi acompañante, pero había desaparecido. Me hallaba solo.

Miré el muñeco y descubrí que tenía la cara de Ángel. Todos los muñecos tenían el mismo rostro y chillaban horriblemente, observándome con sus ojos vacíos.

Me desperté de forma brusca, empapado en sudor, completamente angustiado.

Con el corazón latiéndome a doscientos por hora, me levanté de la cama y apunté los datos del sueño en la libreta roja que empleo a modo de diario. Volví a colocar el cuaderno en la estantería y comencé a dar vueltas por la habitación para tranquilizarme. La escasa luz de la luna invadía la estancia con una claridad azulada. Me asomé a la ventana y contemplé la noche. Estaba todo tan oscuro que apenas podían distinguirse los relieves y contornos de las cosas, pero yo adivinaba tras los cristales el paisaje que esa misma tarde había divisado desde mi habitación.

Observé que a lo lejos brillaba una luz verde muy tenue que permanecía inmóvil y muy baja, y pensé que sería la del faro, quizás.

Más calmado, me volví a la cama dispuesto a dormirme otra vez, pero en ese momento advertí que la extraña luz parpadeaba. Aunque desconocía los códigos de los pescadores o los fareros, intuía que aquel destello repetido debía de tener algún significado concreto.

La luz ahora era roja. Se encendía y se apagaba en periodos de tres o cuatro segundos. Poco a poco, la intermitencia se fue haciendo más rápida, hasta desembocar en un guiño epiléptico. Finalmente, desapareció del todo, tragada por las sombras de la noche.

Me metí en la cama y traté inútilmente de dormirme. En la pantalla de mi cerebro se reproducían como en una película mal montada las secuencias de los últimos acontecimientos. Cuando mi padre me llamó para que le ayudara a arreglar el jardín era media mañana y me dolía enormemente la cabeza.

Hacia el mediodía aparecieron por mi casa Gaspar, el hijo del alcalde, y uno de sus amigos. Llevaban bicicletas.

–Hola –dijo Gaspar.

Me quedé sorprendido. No esperaba la visita. En realidad, no esperaba ninguna visita. Me acerqué limpiándome las manos en las traseras del pantalón.

–Hola.

No quería ser descortés o antipático, pero no se me ocurría nada. Nunca he sido demasiado ingenioso para las conversaciones, sobre todo cuando no tengo confianza.

–Este es Esteban –indicó Gaspar–. Le he hablado de ti.

Esteban y yo nos dimos la mano, tiesos como garrotes.

Mi padre pasó por allí canturreando *La donna è mobile qual piuma al vènto* con la azada al hombro, saludó distraídamente y me dijo que ya habíamos terminado el trabajo y que podía hacer lo que quisiera hasta la hora de la comida.

–¿Te vienes con nosotros? –preguntó Gaspar–. Vamos a la playa a bañarnos.

–No tengo bicicleta.

Se miraron contrariados, pero Gaspar reaccionó enseguida. Se bajó de la bicicleta y la dejó apoyada en la cerca del jardín.

–No importa –dijo–. Iremos a pie.

El hijo del alcalde resultó ser menos tímido de lo que me había parecido la noche anterior. A decir verdad, hablaba por los codos, como su padre. Mientras recorríamos el sendero hasta la playa me contó que en el pueblo ya nos conocía todo el mundo y que circulaban extraños rumores sobre mi familia, pero que no debíamos hacer mucho caso de esas habladurías, porque en los pueblos, ya se sabe, a la gente le gusta darle al pico.

–¿Qué rumores? –le corté entre extrañado y divertido.

–Pues, por ejemplo, dicen que tu padre es un médico muy importante y que ha estado en África curando leprosos.

Yo sonreí.

–También dicen que tu hermana sabe hablar más de diez idiomas.

–¿Lo dices por lo de anoche? Eso solo lo hizo para impresionarte.

Llegamos a una cala solitaria y Esteban, que no había abierto la boca en todo el camino, se apresuró a explicar las reglas del juego.

–¡El último paga!

Rápidamente nos quitamos las camisas y nos zambullimos en el mar. Enseguida comenzamos a chapotear entre las olas, a gritar y a empujarnos unos a otros para calentarnos. A Esteban se le ocurrió sumergirse y emerger del agua con puñados de arena del fondo que nos arrojaba como proyectiles. Gaspar y yo lo imitamos y pronto entablamos una divertida batalla.

En un momento del juego, miré hacia lo alto y me pareció ver una figura que nos observaba desde el terraplén.

–¡Eh, mirad! –exclamé– ¡Allí hay alguien!

Salimos del agua rápidamente y en dos zancadas Esteban y yo subimos al altiplano. Miramos en todas direcciones pero no vimos a nadie. Descendimos decepcionados y nos tumbamos en la arena junto a Gaspar.

Capítulo tercero

La capital de Botswana

CON los ojos cerrados, y arrullados por el rumor de las olas que morían a nuestros pies, nos abandonamos perezosamente a las confidencias. Pronto supe que Gaspar pretendía convertirse en alcalde de Gélver, por dos poderosas razones: en primer lugar, para imitar a su padre y cumplir con una especie de deber familiar, y en segundo lugar, para conquistar a Teresa Torres, de la que andaba enamorado hasta la médula.

–Cada vez que la veo me derrito por dentro.

Esteban se partía de risa cuando Gaspar hablaba de este enamoramiento porque se imaginaba al amigo convertido en un helado de chocolate.

Él, en cambio, soñaba con irse algún día a América para dedicarse al mundo del cine. Había oído decir que en Hollywood se habían puesto de moda los actores hispanos y que necesitaban gente para hacer de extra en películas de acción. Le gustaba imaginarse protagonizando largometrajes al estilo de Antonio Banderas o Andy García, manejando metralletas y liquidando mafias de delincuentes. Alguien le había comentado que cuando fuera un actor famoso tendría que pasarse todo el rato firmando autógrafos, pero que eso no importaba mucho porque tendría chavalas a porrillo y una cosa compensaba la otra.

Oí un ruido apagado cerca de nosotros. Me incorporé y miré a mi alrededor, pero no vi nada. Mis dos amigos se incorporaron también.

–¿Qué pasa? –preguntó Gaspar.

–Me pareció oír pasos.

–Lo habrás imaginado –dijo Esteban.

Volvieron a tumbarse y cerraron los ojos, pero yo permanecí alerta porque estaba seguro de que allí, junto a nosotros, había alguien más.

El sol se derramaba en hilos de oro sobre la superficie del agua, surcada por lanchas motoras y barcas con vela. Gélver hervía de blancura, atrapada entre los azules del cielo y del mar. A mi izquierda estaban los acantilados, con su faro solitario, y más allá el frondoso bosque de eucaliptos.

Noté una mirada clavada en mi espalda. Me di la vuelta y lo vi, sentado sobre una roca, unos metros detrás de mí. Me levanté despacio y me senté a su lado.

–¿Cómo has llegado hasta aquí? No te he oído.

El rostro de Ángel revelaba una extremada palidez. Sus ojos azules casi transparentes me miraron con tanta tristeza que me desconcertaron.

–No tengas miedo –dijo con un susurro que se confundía con el sonido de las olas–. He venido para darte las gracias por acompañarme anoche y para pedirte que no me dejes solo.

Las palabras de Ángel me dejaron aturdido. Puso una de sus manos sobre mi hombro y noté que estaba fría y viscosa como el hielo. Volví a mirarlo a los ojos y esta vez vi unos globos azules sin iris, como pequeños acuarios. Me entró el pánico y eché a correr hacia mis amigos. Cuando Gaspar y Esteban me preguntaron qué me pasaba no supe qué decir.

Regresamos en silencio hasta el pueblo. Sin darnos cuenta se nos había hecho tarde y ya nos estarían buscando en casa para comer.

–Bueno… –me apremió Gaspar mientras montaba en su bici–. ¿Nos vas a decir lo que has visto o no?

No tenía ganas de contarle a nadie lo de las extrañas apariciones de Ángel. Ni siquiera estaba muy seguro de que fueran reales y de que no se tratara más que de simples alucinaciones.

–Os vais a reír –dije tratando de ganar tiempo mientras inventaba algo.

Mi madre salió para anunciarme que la comida estaba fría y que ella no pensaba recalentarme la tortilla de patatas.

–Es que me pareció ver que del mar emergía la cabeza de una sirena –improvisé, y mis propias palabras me resultaron absurdas.

Gaspar y Esteban se miraron estupefactos. Debieron de pensar que me había vuelto idiota o algo parecido. De repente, se dejaron caer sobre la hierba y se echaron a reír como locos. La risa de Esteban era tan contagiosa que yo también terminé revolcándome por el suelo y riendo a mandíbula batiente. Las carcajadas debieron de oírse dentro de mi casa porque al instante apareció por allí Irene, limpiándose el tomate de la boca con las manos.

–¿Me podéis contar el chiste?

–*Yes, I do* –respondió Gaspar cuando recuperó el pulso.

–¿Qué dices? –inquirió Esteban.

–Que sí. Le estoy respondiendo que sí –explicó Gaspar.

–¿Le vas a contar lo de la sirena? –se extrañó Esteban.

–No, idiota. Le estoy diciendo que sí hablo inglés.

Irene tiene una habilidad especial para caer antipática. Se sentó junto a nosotros con las piernas cruzadas y puso cara de angelito. Cuando hacía ese gesto, yo me echaba a temblar.

–¿Y sabes cuál es la capital de Botswana?

–Bots… ¿qué? –preguntó Esteban, que se había quedado con la boca abierta.

–Irene –atajé–. Estos son mis amigos. Si no te importa, puedes volver a casa. No estamos en clase de geografía.

–Está bien –concedió levantándose–. Me voy a leer a Robert Louis Stevenson, aunque supongo que vosotros, para ser originales, solo entendéis de fútbol y no sabéis quién es.

Y haciendo un ademán de princesa ofendida se retiró.

–No hagáis caso a mi hermana. Es un poco estúpida, pero se le pasará con los años.

–No te preocupes –me tranquilizó Gaspar–. Estoy acostumbrado. Mi hermana es una fotocopia de la tuya. Tiene que ser una epidemia.

Nos reímos con la salida de Gaspar. Por un momento me imaginé a su hermana, con su misma cara y sus más de noventa kilos, comiendo hamburguesas con mucho ketchup y mucha cebolla y diciendo una tontería tras otra, como Irene.

Mis amigos subieron a las bicis.

–Por cierto, Daniel –dijo Gaspar–, lo de la sirena ha estado genial.

–Oye –propuso Esteban–, si quieres, esta tarde puedes venirte a la Cueva del Moro.

–De acuerdo, pero con una condición: que Gaspar no se traiga a su hermana.

Comí solo. Una triste y fría tortilla de patatas y una ensalada de lechuga con alcaparras. Mis padres y mi hermana habían ido al supermercado para comprar algunas cosas que hacían falta, y, antes de salir, mi madre me pidió que pasara por la casa de la señora Palmira.

Su vivienda distaba unos doscientos metros de la nuestra. El jardín, que parecía abandonado, tenía un par de palmeras en el centro y algunos arbustos por las esquinas. Observé que la cerca y las paredes de la casa necesitaban una mano de pintura.

Llamé a la campanilla y, al instante, apareció en el marco de la puerta la figura inconfundible de la casera, delgada y pálida, y vestida de negro. Palmira me invitó a pasar con un gesto.

–Te llamas Daniel, ¿no es así?

Asentí con la cabeza. Ella advirtió mi timidez y sonrió afablemente.

–Necesito a alguien que me ayude a arreglar la casa. Es poca cosa. Ya ves qué estropeado está todo. Debo barnizar y pintar vigas, puertas y ventanas, tirar algunos muebles viejos y hermosear el jardín.

Mientras hablaba observé que su rostro me recordaba al de alguien. Su pelo rubio estaba recogido en un gracioso moño y algunos bucles le caían sobre la frente. Su piel era extremadamente blanca y sus ojos brillaban con una extraña luz apagada.

–Tu madre me ha dicho que eres muy inteligente.

Me puse rojo y ella me agasajó con una hermosa sonrisa.

–También me ha dicho que un poco de trabajo te vendría bien.

–¿Me está intentando contratar? –pregunté algo confuso.

–Solo te tendría ocupado tres o cuatro días.

Aquello no me lo esperaba. Al parecer, mis padres habían pensado en todo, especialmente en mi tiempo libre.

–Tengo entendido que ya has cumplido dieciséis años.

Me pareció que lo decía con cierta tristeza, pero antes de que le confirmara mi edad desapareció, dejándome con la palabra en la boca. Al instante, volvió con una bandeja sobre la que portaba una tetera, dos tazas y un azucarero.

–Espero que te guste el té.

Acepté la invitación por no desairarla.

–Lo haremos como los amigos, con buena voluntad, y cuando te canses de ayudarme no vengas más. No será necesario que me des ninguna explicación. Lo entenderé.

Había dejado de escucharla porque mis ojos acababan de reparar en un portarretratos que descansaba sobre la repisa de la chimenea. Me levanté hipnotizado y me acerqué hasta situarme delante de la fotografía. Una mujer bellísima vestida con un traje rojo, un hombre muy alto y un chico de mi edad sonreían. Al hombre no lo había visto nunca, pero la mujer era la propia Palmira y el muchacho no era otro que Ángel Rosé.

Sentí su mano en mi hombro y me estremecí. Yo seguía atónito mirando aquel retrato cuando ella comenzó a hablar con un hilo de voz.

–Son mi marido, Ricardo, y mi hijo, Ángel. Hace cuatro meses que desaparecieron tragados por el mar.

Aquella historia era sencillamente imposible: yo había visto a Ángel un par de veces, incluso había hablado con él. Me di la vuelta dispuesto a contárselo todo, a decirle a Palmira que su hijo seguía vivo y que yo lo conocía, pero en el último momento decidí callarme y me quedé con la boca abierta, ahogando mis palabras.

Palmira tenía los ojos húmedos. Se dejó caer en un sillón y prosiguió:

–Mi marido era muy aficionado a la pesca submarina. Tenía una pequeña embarcación a motor para sus escapadas, dos o tres al mes. A veces se tiraba todo el día para traer un par de pulpos, pero él decía siempre que lo de menos era la cantidad que podía coger y que lo más maravilloso era contemplar el fondo del mar.

Palmira exhaló un suspiro, se sirvió un poco más de té y continuó su relato. Yo permanecía de pie mirándola en silencio.

–Mi hijo tenía tu edad –sonrió sin fuerza–, y era muy buen estudiante. Admiraba a su padre y muchas veces se iban a pescar juntos. Mi marido bromeaba diciendo que Ángel era ya un experto en la pesca submarina y que manejaba el arpón mejor que él.

Hizo una pausa, que aprovechó para limpiarse los ojos.

–Pero, perdona –dijo levantándose de improviso–. ¿Qué te importa a ti todo esto? Te estaré aburriendo con mi historia.

–No, no. Continúe, por favor.

Encendió un cigarrillo y se asomó a la ventana. Siguió hablando mientras hacía como que observaba el paisaje detrás de los cristales. En realidad, estaba mirando dentro de sí misma.

–Fue un sábado de marzo por la noche. Al amanecer salieron los hombres del pueblo a buscarlos y no regresaron hasta el mediodía, con las manos vacías. Volvieron a salir al día siguiente, y al otro, y al otro. Incluso los buscaron el Ejército, la Policía y la Guardia Civil con helicópteros y lanchas. Fueron días y noches terribles, sin poder dormir ni un solo minuto. A las dos semanas comenzó a ceder la búsqueda, y la esperanza de encontrar sus cuerpos se perdió antes del mes. Oficialmente han sido dados por muertos.

–¿Y la barca?

–La encontraron la tarde del domingo siguiente a su desaparición, a la deriva y a varios kilómetros de la costa.

–¿Hubo tormenta ese sábado?

–En absoluto. Ricardo jamás se metía en el agua cuando había peligro de temporal. Esa es una ley que respetan los hombres de mar.

Miré mi reloj y vi que pasaban más de quince minutos de las cinco. Gaspar y Esteban estarían ya desesperados.

Palmira me acompañó a la puerta.

–¿Sabes que te pareces mucho a Ángel? –dijo melancólicamente–. Tienes la misma sonrisa.

Me despedí de ella con un nudo en la garganta.

Capítulo cuarto

La Cueva del Moro

GASPAR y Esteban habían traído a toda la pandilla.

–Creíamos que te habías rajado –dijo Gaspar a modo de saludo; después alzó la voz y me presentó al grupo–. ¡Eh, chavales, este es Daniel!

El grupo, además de nosotros, lo completaban otros dos chicos y cuatro chicas. Nos dirigimos hacia los acantilados por un camino interior de tierra bordeado de árboles y matorrales. Una de las muchachas, que llevaba pantalón vaquero corto, una camiseta con un letrero en inglés que decía «PEACE» y una diminuta mochila verde a la espalda, se emparejó conmigo. Tenía el pelo largo, color castaño.

–¡Hola! ¡Yo soy Alicia!

–Encantado –saludé lo más cordialmente que pude.

–¿Qué te parece el pueblo?

–No está mal. Quiero decir que está muy bien.

–Me han dicho que tienes una hermana muy simpática.

–Vaya, ¿quién te ha contado esa patraña? Seguro que ha sido Gaspar.

–¿Por qué no le has dicho que viniera con nosotros?

–¿A quién? ¿A Irene? Olvídalo. Nos estropearía la tarde.

–¿Por qué?

–Es capaz de pasarse la excursión entera largándote el nombre científico de miles de insectos raros. En latín, por supuesto. Bueno, si prefieres la geografía, también te puede machacar con las capitales de todos los países del planeta. Sin fallar ni uno.

–¡Debe de ser muy lista!

–Es una enciclopedia con pecas y con patas. ¡Y pesada como ella sola!

Alicia se quedó unos instantes callada, pero enseguida retomó la conversación.

–¿Pues sabes una cosa? Yo creo que tu hermana le ha causado una grata impresión a Gaspar.

–¡No me digas! ¡Este chaval debe de estar loco!

–Un poco sí.

Alicia era tan jovial que no tardamos en sentirnos como dos verdaderos amigos. Nos pasamos más de medio camino hablando, sin darnos cuenta de que se nos iba el tiempo.

–¿Qué llevas ahí? –le pregunté de improviso.

–¿En la mochila? Cirios.

–¿Cirios? ¿Para qué?

–Para hacer espiritismo en la Cueva del Moro. Ya verás qué divertido.

–Yo no creo en espíritus ni en fantasmas.

Al decir esto me vino a la cabeza el recuerdo de Ángel. La verdad era que no había tenido tiempo de reflexionar sobre la historia que me acababa de contar Palmira; una historia que me planteaba muchos interrogantes.

–Oye, Alicia, ¿puedo preguntarte algo?

–Claro. Pero no hace falta que me preguntes si puedes preguntar. Pregunta directamente y ya está.

Carraspeé un poco y traté de que mis palabras sonaran naturales.

–¿Qué sabes de un muchacho que se ahogó en esta playa hace unos meses?

–¿Ángel?

–Veo que lo conocías.

–Claro. Era amigo de la pandilla, un chico algo tímido, pero agradable y muy guapo. En la escuela y en el instituto era siempre el primero.

–¿Es verdad que su cuerpo y el de su padre nunca aparecieron?

–Sí.

–¿Y no es posible que estén vivos todavía?

–¿Después de cuatro meses de haber desaparecido en el mar, sin dejar ningún rastro? Eso es completamente imposible, Daniel.

Alicia tenía razón. Seguramente me estaba desquiciando con aquella historia. Si seguía por ese camino iba a terminar confundiendo la realidad y la fantasía.

–¡Mira! –gritó Alicia llena de júbilo–. ¡La Cueva del Moro!

La Cueva del Moro era una gruta enorme que se abría al pie del acantilado. Para entrar en ella había que mojarse sin remedio, porque las olas venían a romper en la misma abertura que servía de puerta y estallaban en gigantescos embates de agua y espuma. Hacía falta ser muy ágil o estar muy acostumbrado para acceder a la cueva sin mojarse. No fue ese mi caso. Con la precipitación resbalé y me caí al mar entre las risas de toda la pandilla. Braceé a ciegas, peleando con el agua que me empujaba en todas direcciones, y al fin conseguí elevarme sobre una roca. Finalmente entré en la cueva, el último, entre los aplausos de la pandilla, que jaleaba mi nombre. Me sentí ridículo, pero terminé riendo también.

Alguien dijo que debíamos merendar. Entonces reparé en que yo no había traído bocadillo, y además la caminata y mi particular refriega con las olas me habían abierto un apetito de lobo. Alicia se me acercó.

–¿Te gusta el salchichón?

–Si no hay más remedio.

Partió el bocadillo con las manos en dos trozos más o menos iguales y me alargó el que parecía un poco más grande.

Un muchacho llamado Julián sacó una bota, echó un trago y comenzó a pasarla. Todos iban bebiendo y se la entregaban al siguiente. Alicia tomó un poco y el líquido rojo le salpicó la cara. Se limpió con la mano y me pasó la bota.

–¿Qué es? –pregunté estúpidamente.

–¿Qué va a ser? ¡Vino!

Yo no había bebido vino en mi vida y pensé que me iba a sentar mal. Además, no sabía beber de la bota. Pero no quise llamar la atención, así que intenté imitar a los otros. Puse la bota a la altura de mi cara tal como había visto hacer a los demás y apreté fuertemente con la mano. El chorro me dio directamente en el ojo derecho y solté una maldición por lo bajo mientras a mi alrededor estallaban las risas y los comentarios chistosos.

Lentamente se nos iba la tarde. El sol había comenzado a declinar. Alicia y las otras chicas encendieron los cirios y los colocaron en los cuatro vértices de un cuadrado imaginario. En su interior dibujaron un círculo y en el centro pusieron un vaso boca abajo. Nos sentamos en el suelo formando un corro alrededor de las velas y nos cogimos de las manos. Yo me situé entre Alicia y una muchacha morena con unos ojos increíblemente verdes. Justo frente a mí estaba la persona que llevaba la voz cantante en aquel ritual, Raquel, la hermana de Gaspar, que, por cierto, no era ni mucho menos como yo me la había imaginado.

La luz escaseaba en el interior de la gruta. Nuestras propias sombras proyectadas sobre las paredes de la cueva por las llamas de las velas parecían imágenes fantasmales escapadas de un aquelarre de brujas.

A una señal de Raquel, cerramos los ojos y tratamos de dejar la mente en blanco. Entonces, su voz comenzó a musitar una especie de oración incoherente, mezclando palabras inventadas con otras de significado ambiguo.

De repente, me vi transportado a mi propio sueño. Reconocí el pasillo estrecho con pequeñas hornacinas y velas encendidas a mi paso, y me contemplé avanzando lentamente en mitad de una pesadilla hasta que descubrí la puerta al fondo de aquel pasadizo con la vieja aldaba de hierro. Sabía perfectamente lo que me esperaba al otro lado sin necesidad de franquearla. Espantado de mi propia visión, desperté de golpe mientras el vaso se rompía en mil pedazos.

Todos abrieron los ojos asustados. Algunos, incluso, se llevaron las manos al rostro, heridos por las astillas de vidrio que habían salido disparadas como diminutos proyectiles.

Al cabo de unos instantes de estupor, la muchacha morena de los ojos verdes que se había sentado a mi lado enunció la pregunta que todos nos estábamos formulando en silencio:

–¿Qué ha pasado?

Nos miramos de hito en hito, sin pestañear, como si quisiéramos encontrar una respuesta en los ojos de los demás.

–¿Alguien sabe qué ha pasado? –insistió la muchacha de los ojos verdes–. Espero que alguien diga algo antes de que me ponga a chillar.

–¿Y si nos marcháramos ya? –preguntó la chica de gafas que estaba sentada junto a Esteban.

Las velas seguían ardiendo lentamente, desprendiendo un olor de velatorio, y la luz trémula que las llamas arrojaban sobre nuestros rostros nos conferían un aspecto de alimañas asustadas.

Nadie se atrevía a levantarse. Daba la impresión de que nos habían clavado al suelo.

–Creo que yo lo sé –dije con voz apagada.

Dieciséis ojos me miraron asombrados.

–¿Tú? –preguntó con algo de sorna Gaspar.

Esperé un poco para asegurarme de que mi voz no iba a temblar y noté que todos contenían el aliento esperando mi confesión. Al fin, temiendo que mis palabras pudieran ser oídas por algún ser demoníaco, y arrepintiéndome al mismo tiempo que las pronunciaba, bajé la voz y la mirada, y lancé mi veredicto:

–Ha sido el espíritu de Ángel Rosé.

Justo en ese momento sonó un estruendo de olas estrellándose contra la cueva y un huracán de viento y espuma se nos vino encima. Las cuatro velas se apagaron y quedamos sumidos en una oscuridad espantosa.

Nos levantamos aterrados y nos dirigimos en tromba hacia la salida. Uno tras otro, y procurando no resbalar en las rocas, fuimos saliendo de la gruta. La muchacha de las gafas se me acercó.

–Ten cuidado –me dijo–. No vuelvas a caer. Ahora está muy oscuro.

Por suerte, esta vez no resbalé. Salimos al camino y silenciosamente nos pusimos en marcha hacia el pueblo.

El aturdimiento por lo sucedido nos acompañó un buen rato, hasta que poco a poco, a medida que nos alejábamos de la Cueva del Moro, fuimos recuperando el pulso con los comentarios de unos y de otros. Algunos se iban emparejando y empezaban a decir tonterías y a gastarse bromas. Yo me quedé solo, enmarañado en mis propios pensamientos y haciéndome mil preguntas que no me conducían a ninguna parte. Me sentía literalmente extraviado en una historia que no me pertenecía.

–Hola. Soy yo –dijo alguien a mi lado.

Era la muchacha de los ojos verdes.

Bajo la luz nocturna me pareció que sus ojos brillaban como dos esmeraldas encendidas. Sonreí sin querer, pensando en mi madre. Seguramente había heredado su facilidad para las metáforas.

–¿De qué te ríes?

–No es nada –disimulé–. De mí mismo.

Caminábamos los últimos. Al doblar un recodo vimos las luces del pueblo.

–Supongo que por aquí habrá animales peligrosos –comenté por decir algo.

–¡Claro! –afirmó ella–. Leones y tigres, sobre todo. Espero que me defiendas si nos ataca alguno.

Bromeamos un poco, pero enseguida nos quedamos callados otra vez. Me di cuenta de que ella trataba de decirme algo y no se atrevía. Aminoró el paso y yo la imité, extrañado por su conducta. Cuando se aseguró de que nadie podría oírnos, volvió a hablarme.

–Oye, Daniel –susurró–. Tengo que pedirte una cosa.

No pregunté qué. Esperé con ansiedad.

–Olvídate de Ángel Rosé. No vuelvas a mencionar su nombre.

Me quedé de piedra. Ella debió de notar algo raro en mi reacción, o yo lo imaginé, o simplemente ya se esperaba algo parecido. Antes de que yo abriera la boca, continuó:

–Era amigo nuestro. Tu comentario ha sido una broma de mal gusto.

–No ha sido una broma –me defendí–. Estoy completamente seguro de que ha sido su espíritu el que ha apagado las velas.

Estuve a punto de confesarle todo lo que me había sucedido con Ángel Rosé desde que había llegado al pueblo, pero me callé a tiempo. Me tomaría por loco o, peor aún, por un entrometido que hurgaba en el dolor ajeno. Me mordí la lengua y tragué saliva.

–Lo siento –dije.

Estábamos llegando a las primeras casas y ella parecía querer decirme algo más. De repente, me tomó de la mano y me retuvo un instante. Nos quedamos parados mientras a lo lejos oíamos las risas y las voces de los demás.

–Escúchame bien –dijo firme, aunque sin severidad–. No sé por qué lo has dicho, pero no me importa. No vuelvas a mencionar el nombre de Ángel Rosé en tu vida.

Yo no sabía qué decir. Ella seguía con su mano sujetando la mía.

Antes de marcharse, amparada por la complicidad de la noche, se me acercó hasta rozarme. Su rostro estaba junto al mío y sus ojos verdes refulgían como los de un gato bajo la luz de la luna. Podía notar su aliento abrasándome.

–No es una amenaza, sino un consejo –me susurró a unos centímetros de la boca.

Luego desapareció como una sombra. Fue Esteban, al despedirnos más tarde, quien me dijo que aquellos ojos extraordinariamente verdes eran los de Teresa Torres.

Capítulo quinto

La Casa de los Muertos

CENÉ en silencio, sin hablar con nadie, y enseguida me metí en la cama, me envolví completamente con la sábana y me dispuse a conciliar el sueño lo más rápido posible. Quería olvidarme de todo y soñar con los angelitos. Tal vez cuando me despertara al día siguiente me encontrara con la agradable sorpresa de que la historia de Ángel había sido una simple pesadilla.

Lo que no podía sospechar era que los verdaderos problemas estaban todavía por llegar.

Me despertaron los rayos de sol que se colaban por la ventana. Miré mi reloj y descubrí atónito que eran las once y media. ¡Había dormido de un tirón casi doce horas!

Mientras tomaba la leche con galletas traté de recapacitar sobre todo lo que me había ocurrido. Mi madre entró con una cesta de hortalizas.

–¡Voy a preparar una menestra! –anunció.

Mi pensamiento estaba naufragando en los ojos y las palabras de Teresa y no me enteré de la amenaza de mi madre.

–Por cierto –gritó desde la cocina–, ahí tienes una carta.

Yo seguía sin prestarle atención. Masticaba galletas empapadas de leche con la mente perdida en mis cábalas. Algunas cosas necesitaban una explicación. Primero: ¿qué relación había entre mi sueño de hacía un par de noches y la Cueva del Moro? Segundo: ¿qué querían decir las palabras de Teresa? Tercero: ¿qué diablos era el ser que se me aparecía y respondía al nombre de Ángel Rosé: una sombra, un espíritu, un fantasma…? Cuarto: ¿qué había sucedido realmente en la Cueva del Moro?

–¿No me oyes?

Mi madre tuvo que sacudirme los hombros para que yo despertara de mi mundo de incógnitas y regresara a la realidad.

–¿Qué te pasa? –vociferó–. ¿Es que no has dormido bastante?

–Perdona, mamá –me disculpé–. No te he oído. ¿Querías algo?

Ella se sentó a mi lado y me acarició el pelo. Con un gesto amable, me preguntó qué tal marchaban las vacaciones.

–Tengo entendido que ya andas con una pandilla de amigos –guiñó un ojo.

–Sí, mamá. Son estupendos.

–Esta tarde vamos a ir a dar una vuelta por los alrededores. ¿Vendrás con nosotros?

Yo no tenía ningún plan todavía aparte de ir a echarle una mano a la señora Palmira. Lo único que necesitaba era un poco de tiempo para aclarar mis ideas, pero la perspectiva de pasar unas horas con mis padres me parecía una buena coartada para refugiarme en mi mundo. Le dije que sí y le di un beso.

–Te estaba diciendo que ahí tienes una carta –me recordó antes de irse hacia la cocina.

Me levanté extrañado y miré el sobre que había sobre la chimenea. Tenía mi nombre escrito en letras mayúsculas, con tinta azul y trazo regular. El sobre estaba cerrado y no traía remitente.

–¿Dónde estaba? –pregunté alzando la voz.

–¡En el buzón! –me respondió mi madre desde la cocina.

Rompí el sobre rápidamente. El interior guardaba una cuartilla blanca doblada por la mitad; la desplegué y leí con estupor:

«Deja en paz a los muertos o muy pronto serás uno de ellos».

Lógicamente no tenía firma.

Mi madre debió de notar algo raro porque se asomó a la puerta de la cocina y me preguntó de quién era la carta.

Para no preocuparla, le dije que se trataba de una broma de alguno de la pandilla.

Yo sabía muy bien que aquella amenaza no era una broma. Nada me apetecía más que dejar en paz a Ángel, pero no sabía cómo evitar sus apariciones.

Repasé la lista de candidatos y todas las sospechas apuntaban a una persona: Teresa Torres. No podía olvidar sus ojos verdes, pero tampoco sus palabras antes de despedirnos: «Olvídate de Ángel Rosé. No vuelvas a mencionar su nombre». ¿Quién sino ella podía ser la autora de aquella nota conminatoria?

La señora Palmira me estaba esperando, aunque fingió sorpresa al verme. Me pidió que le limpiara el jardín de malas hierbas, tarea que me tuvo ocupado hasta la hora de la comida. Cuando hube terminado, entré a despedirme y la sorprendí hablando con un hombre al que no había visto nunca. Estaban sentados y parecían mantener una conversación muy amena. Permanecí en la puerta sin atreverme a entrar hasta que ella reparó en mi presencia.

–Ah, Daniel. Pasa. Ven. Te voy a presentar a don Matías.

Ambos se habían levantado. El aludido me tendió la mano mientras esbozaba una amable sonrisa. Era un hombre de unos cuarenta y pocos años, que llevaba un bastón y vestía con elegancia.

–Encantado. Palmira me ha hablado muy bien de ti.

–Don Matías fue maestro de Ángel durante varios años –explicó ella–. En la época del colegio. De vez en cuando viene a visitarme y recordamos viejos tiempos.

Yo no supe si los viejos tiempos se referían a la antigua educación de su hijo o a otros asuntos sin identificar. Sonreí lo mejor que pude.

–Tengo entendido que eres un buen estudiante –dijo el maestro–. Eso está muy bien. El hijo de Palmira, que en gloria esté, también fue un alumno ejemplar. Todavía lo recuerdo como si fuera ayer.

Miré de soslayo a Palmira y noté que se ponía rígida. Los ojos y la boca le temblaban imperceptiblemente.

–Tengo que irme a comer –anuncié–. Me estarán esperando en casa.

–¡Claro, claro! –concedió don Matías–. Ya tendremos tiempo de vernos. Me encantará hablar contigo, Daniel. Aquí en Gélver no hay tantos jóvenes con los que conversar.

Lancé una mirada furtiva a Palmira y dije «adiós» sin especificar a quién. Aquel maestro no me había gustado nada: olía a colonia rancia y se le notaba un montón que estaba colado por la madre de Ángel.

Cuando llegué a casa, mi padre, que estaba leyendo el periódico en el sofá, me recibió con un sonoro *O sole mio*.

–¡Dichosos los ojos! –exclamó cerrando la prensa.

–Vamos, papá –protesté, sentándome frente a él–, que menudo embolado me habéis metido con lo de ir a ayudar a doña Palmira.

–*Mens sana in corpore sano,* que dijo el sabio –sentenció–. No hay nada como ejercitar el músculo para cebar la inteligencia. Un poco de trabajo físico te vendrá como anillo al dedo. Y tampoco está mal que vayas acostumbrándote a ganar el dinero con el sudor de tu frente.

–Ya, ya. Pero no te pongas bíblico, por favor. Estoy hecho polvo.

Durante la comida, mi familia estuvo intercambiando impresiones y anécdotas. Yo me encontraba muy lejos de allí, y apenas probé bocado. No tenía hambre. Irene resumió mis problemas con una frase antológica:

–Daniel está enamorado.

Mis padres rieron alegremente la gracia de mi hermana, así que, pretextando una tontería, salí a tomar el aire porque necesitaba estar solo.

Di unas cuantas vueltas sin rumbo, embebido en mis pensamientos, hasta que mis pasos me llevaron a un lugar escarpado y solitario donde me senté a descansar.

Miré hacia la playa y vi la silueta negra de una mujer, erguida frente al mar. No necesité acercarme para saber quién era.

Mi hermana se había traído a dos amigas. Enseguida averigüé que eran tan cursis como ella. Mi padre nos guiaba por senderos de montaña con mapa y brújula, y de vez en cuando se quedaba señalando un árbol o una vaguada. Mi madre y yo lo seguíamos a dos o tres metros, y detrás, sin dejar de parlotear como guacamayos, caminaban las chicas.

El sendero del monte nos condujo hasta un ruinoso caserón que, por su aspecto, debía de estar abandonado. Las dos plantas del edificio estaban escoltadas por dos torreones acabados en punta. Los restos de una vieja almena cercaban la terraza. Sobre el portón principal, flanqueado por dos grandes ventanales, colgaban los restos de una gran balconada. Las rejas de algunas ventanas estaban arrancadas y los postigos, rotos. La imagen de lo que tal vez había sido en otro tiempo un hermoso palacete era totalmente desoladora.

–Ajajá –exclamó mi padre, que nunca perdía el buen humor–. Señoras y señores viajeros, acabamos de llegar al hotel Palace. Pueden tomar posesión de sus nuevos aposentos.

Las amigas de Irene estaban tensas. La más alta dio un paso atrás cuando vio a mi padre acercándose a la puerta con intención de entrar al caserón.

–¡No!

Mi padre se quedó parado y se dio la vuelta. Todos miramos a la muchacha que había lanzado aquel grito.

–¡Vámonos de aquí! –suplicó la niña.

Estaba temblando.

–¿Qué sucede? –preguntó mi madre.

–¡Es la Casa de los Muertos!

Hubo unos momentos de pasmo. De pronto el lugar había dejado de agradarnos. Ahora el caserón y el monte cercano nos resultaban hostiles.

–Está bien –concedió mi padre amablemente–. Vámonos de aquí si no os gusta el sitio. No importa. Ya volveremos en otra ocasión.

Agrupados y sin saber muy bien de qué o de quién huíamos, desandamos el camino. Mi padre no había perdido el buen humor y seguía bromeando y haciendo comentarios sobre cualquier cosa que le llamaba la atención. Pero las niñas no volvieron a abrir la boca durante el trayecto de regreso.

Cuando por fin avistamos las casas del pueblo nos sentamos en unas piedras a descansar. Mi padre destapó la cantimplora y nos ofreció un trago. Bebimos en silencio uno tras otro hasta que agotamos el agua. La tarde se había puesto muy fea. Un ejército de nubarrones negros se acercaba por el mar.

–¿Qué es eso de la casa de los muertos? –preguntó mi madre a la niña.

La pequeña tragó saliva antes de responder.

–Esa casa está encantada –explicó–. Dice mi padre que de vez en cuando aparece un hombre muerto.

En la lejanía, la tormenta ya había comenzado. Los truenos y los relámpagos parecían querer despedazar el cielo.

–Bueno –dijo comprensivamente mi padre–. Lo de la casa encantada y los muertos será seguramente una leyenda. Ya sabéis que a los mayores nos gusta contar historias de misterio.

–Mi padre nunca cuenta historias –declaró la niña–. Es un hombre muy serio.

–¿Y quién es ese hombre tan serio? –insistió mi padre con un tono conciliador.

–Se llama Antonio –informó la muchacha.

Mi hermana Irene, que siempre está en todo y tiene una mente muy despierta, fue la que completó la información.

–Y es teniente de la Guardia Civil –apostilló.

Llegamos al pueblo justo cuando comenzaba a llover.

Nos duchamos por turnos y mi hermana tuvo que prestar algo de ropa a sus amigas. Mi madre preparó unos vasos de leche con tostadas de mermelada. Nos sentamos en los sillones y comenzamos a devorar la merienda mientras escuchábamos la lluvia golpeando puertas y ventanas. De vez en cuando oíamos el fragor de los truenos.

–¿Y si contáramos historias? –propuso Irene.

Violeta, la hija del teniente, captó la indirecta de inmediato.

–¿Por qué no dices claramente lo que quieres?

–¿Y qué es lo que quiero? –preguntó Irene, haciéndose la tonta.

–Saber la historia de la Casa de los Muertos.

Un enorme trueno retumbó en ese momento y las luces de la casa se apagaron. Ayudándose con una cerilla, mi padre se asomó tras la puerta y comprobó que no había saltado el automático.

–Debe de ser un apagón general causado por la tormenta.

–¡Todo el pueblo está a oscuras! –gritó Irene asomándose a la ventana.

Mi madre encontró una vela en un cajón de la cocina, la encendió y la colocó sobre la mesita. Durante unos instantes, permanecimos callados, tratando de acostumbrarnos a la penumbra. Yo me encontraba a miles de kilómetros de allí. La voz de Violeta me despertó de mis cavilaciones.

–Mi padre dice que todos los habitantes de la casa murieron en la guerra y que desde entonces está deshabitada.

–¿Y por eso la llaman la Casa de los Muertos? –preguntó Irene.

–No sé. Hace unos meses un cazador que entró en la casa de madrugada descubrió un hombre muerto.

–¿Y qué pasó? –quiso saber mi padre.

–Pues que se marchó al pueblo y avisó a mi padre, que se presentó en el caserón con la patrulla.

–¿Y? –preguntó mi madre.

Violeta miraba fijamente la llama de la vela, como si tratara de recordar las palabras o las imágenes de una historia de la que solo había oído comentarios sueltos.

–Cuando llegó mi padre con los otros guardias no encontraron a nadie en el caserón. ¡El muerto había desaparecido!

El relato de Violeta a la luz fantasmagórica del cirio y acompañado por el golpeteo de la lluvia en puertas, ventanas y tejados había conseguido ponerme la piel de gallina. Mi hermana estaba tan fascinada por la historia que no era capaz de lanzar ni uno solo de sus ladridos.

De pronto me asaltó una terrible sospecha. ¿Y si aquel asunto estuviera relacionado de alguna manera con la enigmática muerte de Ángel y su padre?

–¿Cuánto tiempo hace exactamente de eso? –pregunté incorporándome en el sofá.

–Hace cuatro meses. Estoy segura. Y, además, fue el 5 de marzo.

–¿Cómo puedes estar tan segura? –inquirió mi madre.

–Pues porque al día siguiente era mi cumpleaños.

Capítulo sexto

¿De qué se me acusa?

LA otra muchacha había estado callada todo el tiempo. Se llamaba Lucía y tenía muchas más pecas que mi hermana. Aprovechó uno de los silencios de la amiga para tomar el relevo.

–Mi padre también me contó esa historia. Pero yo no me la he creído.

–Es posible que el cazador mintiera –intervine yo.

–¿Por qué? –cuestionó mi madre.

–No lo sabemos –dijo mi padre–. A lo mejor era un montero aficionado al vino.

–¿Qué es un montero? –preguntó Lucía.

–Un hombre que anda por el monte –aclaró Irene en plan académico.

Mi padre se incorporó en el sillón, carraspeó un poco como si se dispusiera a decir algo y finalmente guardó silencio.

–¿Quién era el cazador? –quise saber yo.

–No lo sé –confesó Violeta–. Mi padre nunca me lo dijo. A lo mejor no era de aquí.

–¿Y por qué la llaman la Casa de los Muertos, en plural? –preguntó mi padre.

–Tiene que ser por lo de la guerra –dijo Violeta–. Creo que ya lo he dicho. Me parece que murió toda la familia que vivía allí, pero no estoy segura.

El fin de la historia coincidió con el de la tormenta. Al poco rato regresó la luz y remitió la lluvia. Lucía, a instancias de mi padre, había llamado al suyo por teléfono y el hombre se presentó poco después con el coche para recoger a las niñas.

–No os preocupéis por la ropa –dijo mi madre–. Ya la devolveréis cuando podáis.

Eran algo más de las nueve cuando nos quedamos solos. La historia del hombre muerto nos había quitado el hambre. Alegué que tenía algo que hablar con la pandilla y desaparecí. Empecé a caminar sin rumbo por las calles estrechas y desiertas, y mis pasos me llevaron hasta la plaza de la iglesia, donde, para mi sorpresa, me tropecé con Teresa y Raquel.

–¿Adónde vas? –me preguntó Teresa–. ¡Pareces un fantasma!

No le vi la gracia y le devolví la indirecta.

–Voy a ver si localizo a un cartero muy especial.

Ambas parpadearon.

–¿Un cartero? –preguntó Teresa–. ¿Qué estás diciendo?

–Creía que tú me lo ibas a aclarar –la acusé–. ¿Desde cuándo te dedicas a dejar mensajitos?

–Eh, eh –protestó Raquel–. ¿De qué estáis hablando?

–Él sabrá –atacó Teresa.

–No, yo no. Tú –contraataqué.

–Vale, chicos –cortó Raquel–. Voy a comprar gusanitos. Espero que no os peguéis entre tanto.

La hermana de Gaspar nos dejó solos en mitad de la plaza. Nos quedamos en silencio, siguiéndola con los ojos y observando cómo se metía en el bar de Nicolás.

–Está bien –dijo Teresa–. ¿De qué se me acusa?

–No te hagas la tonta. El mensaje no ha tenido ninguna gracia. Si tienes algo que decirme, me lo puedes decir a la cara. Ya somos mayorcitos.

–¿Qué mensaje?

–¡Este! –le entregué el papel con un gesto de reproche.

Teresa leyó la nota y observé cómo sus ojos verdes lanzaban un destello de miedo. Cuando clavó su mirada en la mía, supe que estaba diciendo la verdad.

–Yo no sé nada de esto, Daniel. ¡Te lo juro!

Estalló un trueno gigantesco sobre nosotros y comenzó a llover otra vez. Teresa se había puesto pálida.

–Daniel, esto va en serio.

Me devolvió el papel y lo guardé antes de que se mojara.

–¡Tienes que ayudarme! –le pedí.

La lluvia arreciaba y no tardaríamos en empaparnos. Algunos paseantes nocturnos echaban a correr y desaparecían en la oscuridad.

–¡Está bien! –aceptó–. Pero no le digas nada a Raquel.

En dos zancadas nos metimos en el bar de Nicolás que se hallaba atestado de parroquianos. Pedimos unos refrescos y nos sentamos en una mesa de la esquina. El ruido de las tragaperras, la televisión y el gentío nos impedía trabar una conversación inteligente.

–¿Qué? –preguntó Raquel–. ¿Ya habéis hecho las paces?

–Más o menos –replicó Teresa evasivamente.

Hablamos unos minutos sobre cosas intrascendentes. Con cuatro frases les resumí cómo era mi vida en Madrid y luego me callé. Obviamente mi especialidad no era la retórica. Menos mal que Raquel hablaba por los codos. Lo de los Espinosa debía de ser genético.

En ese momento un chaval nos lanzó un saludo desde la otra parte de la barra. Era Julián, uno de la pandilla. Teresa abrió los ojos. Acababa de encontrar la coartada perfecta.

–Oye, Raquel, ¿por qué no vas a preguntarle a Julián las tablas de multiplicar?

–¿Qué?

Teresa hizo un gesto pícaro y la amiga entendió.

–Está bien –dijo levantándose resignada–. A buen entendedor, pocas palabras bastan.

Tan pronto como nos quedamos solos, Teresa llamó a Nicolás, le dio unas monedas y me señaló la puerta de atrás. Me levanté y la seguí. Enseguida nos perdimos en el laberinto de las calles, como dos sombras. Nos sentamos en un banco de piedra, bajo los soportales de la iglesia, y permanecimos callados varios minutos, viendo la noche.

–No quería que nadie nos oyera –declaró en tono misterioso.

–¿No te fías de Raquel?

–Prefiero que no nos oiga –miró a todos lados para asegurarse de que estábamos solos y prosiguió–: Escucha, Daniel, Ángel y su padre murieron en circunstancias muy extrañas. Es mejor que lo sepas.

–¿Qué quieres decir?

–Quiero decir que tal vez sufrieron un «accidente».

–¿Insinúas que los mataron?

–Podría ser. No es normal que dos cuerpos desaparezcan así como así sin dejar rastro. El mar siempre devuelve a sus muertos. Además –hizo una breve pausa–, la noche en que desaparecieron no había tormenta. Es sencillamente imposible que se ahogaran.

Teresa calló y se quedó mirando hacia la oscuridad con la respiración agitada. Noté que todavía le faltaba algo por decir. Tal vez lo más importante.

–Hay algo más, ¿verdad? –susurré.

Ella me miró con fijeza y sentí que hacía esfuerzos por no echarse a llorar.

–Aquella noche maldita, Ricardo y Ángel Rosé no salieron solos en su barca. Iba alguien más con ellos. Alguien que sí regresó y que desde entonces vive en un infierno.

–¿Quién es esa persona? –pregunté con ansiedad.

Ella desvió los ojos y los posó en el firmamento. Durante algunos segundos pude percibir la lucha que mantenía consigo misma.

–No puedo decírtelo.

Me levanté pesadamente y di unos pasos hasta apoyarme en una columna. Miré hacia lo alto y contemplé la noche. Me pareció más negra que nunca.

Notaba una sensación de impotencia. De un modo ambiguo empezaba a sospechar que Ángel Rosé me estaba pidiendo ayuda desde más allá de las tinieblas de la muerte.

Teresa también se había levantado y sigilosamente se había situado a mi lado. La miré sin decirle nada, con una mezcla de impaciencia y desazón.

–Te confesaré algo –le susurré–. Pero tienes que prometerme que no te vas a reír de mí.

Ella frunció el ceño.

–Jamás me reiría en un tema como este.

–Pues en ese caso, escucha con atención. El mismo día que llegué a este pueblo, me fui a dar un paseo yo solo por la playa. Mis pasos me llevaron hasta la cala que hay cerca de mi casa. Te aseguro que no había nadie cuando llegué. Me senté en unas rocas y me puse a contemplar el mar. De repente, Ángel apareció junto a mí.

Teresa me miró angustiada.

–¿Qué estás diciendo?

–Lo que oyes. No sé de dónde pudo salir. Y tampoco sé cómo desapareció. Pero yo hablé con él. Puedo describírtelo. Rubio, pelo ensortijado, piel blanca. Como yo de alto, más o menos.

Los ojos verdes de Teresa no podían ocultar el pánico.

–¡Daniel! ¡Eso es imposible!

Volví a sentarme y me quedé callado. Teresa se dejó caer a mi lado.

–Daniel. ¿No es posible que tu imaginación te jugara una broma pesada? Dices que fue el mismo día que llegaste. Tal vez te encontraras cansado por el viaje.

Hice un esfuerzo por sonreír, pero solo fui capaz de esbozar una mueca.

–Seguramente tienes razón –acepté finalmente.

Puso su mano sobre mi hombro, como si tratara de darme ánimos.

Nos quedamos sin saber qué decirnos. Parecíamos extraviados en un paisaje de sombras.

–¿Por qué no me cuentas lo que sabes? –pedí.

Ella alzó los ojos para mirarme. A pesar de la oscuridad, pude observar que estaba a punto de echarse a llorar.

–Por favor… –insistí.

Nos contemplamos fijamente durante unos momentos. Ella me aguantó la mirada. Sus ojos verdes brillaban en la oscuridad. Luego, incapaz de seguir soportando la angustia que la corroía, apartó la mirada.

–Está bien –concedió al fin–. Seré sincera contigo. Aquella tarde, mi padre se cruzó con Ricardo y Ángel cuando se dirigían hacia la playa con sus equipos de pesca submarina. Hacía un tiempo espléndido y el mar parecía una balsa de aceite. Ricardo le comentó a mi padre que era una época buena para la captura del mero y que, con aquella tranquilidad de las aguas, serían capaces de atrapar unos cuantos ejemplares gordos. Mi padre nunca ha sido aficionado a la pesca, y muy pocas veces se ha subido a una barca, pero debió de parecerle una ocasión propicia para pasar el rato, así que sin pensarlo demasiado se marchó con ellos.

Había dejado de llover y echamos a andar por las calles mojadas.

–Mi padre regresó esa noche camuflado entre las sombras, con una cuchillada en el costado y medio desangrado. Estaba pálido como un cadáver y se desmayó. Fue horrible. Mi madre lloraba y trataba de cortar la hemorragia como podía. Le aplicó un montón de desinfectante y le suministró todos los antibióticos que encontró, pero él no reaccionaba, tenía los ojos espantados, y parecía que se iba a morir. Yo estaba aterrada, sin saber qué hacer. Antes de desmayarse nos había hecho prometerle que no comentaríamos nada con nadie y que no lo moveríamos de la cama. Y, sobre todo, que no avisaríamos a la policía. Después dijo «canallas» y cerró los ojos. Estuvo tres días en coma.

–Mientras tanto –intervine–, ya había comenzado la búsqueda de los dos desaparecidos…

–Sí. Mi madre y yo suponíamos que mi padre sabía algo y por eso nos había pedido que guardáramos silencio. Como te decía, tardó tres días en volver en sí. Tres días horribles. Mi madre y yo no nos separábamos de la cama porque pensábamos que iba a morirse de un momento a otro.

–¿No se os ocurrió en ningún momento llamar a un médico?

–Teníamos tanto miedo… Y además sospechábamos que mi padre quería protegernos de algo. La desaparición de Ángel y Ricardo acrecentaba nuestros temores. Si hubiera muerto habría sido tal vez culpa nuestra, pero ¿qué otra cosa podían hacer una mujer y una chica asustadas? Llamar a un médico en aquellas circunstancias y con media provincia buscando a dos ahogados podía resultar peligroso.

Caminamos hasta la taberna de Nicolás. Raquel y Julián conversaban en la puerta del bar, apoyados en la pared, y estaban tan embelesados que no repararon en nuestra llegada.

–¿Qué pasó después, cuando tu padre despertó?

–Nos dijo que sus recuerdos eran confusos y que no estaba seguro de nada, porque las cosas habían sucedido muy deprisa.

–¿Qué cosas?

–Nunca ha querido volver a hablar del tema.

–¿Y por qué tampoco acudisteis a la policía?

–Porque unos días después del incidente de mi padre alguien dejó una nota en nuestro buzón. Como la tuya. Le decían que cerrara la boca si quería que a mi madre y a mí no nos ocurriera una desgracia.

Julián y Raquel se nos acercaron alegremente y tuvimos que dejar la conversación en aquel punto. Raquel había visto hacía pocos días una película de uno de sus actores favoritos y se empeñó en contarnos el argumento con todo lujo de detalles, incluidos los efectos especiales. Julián escuchaba sus explicaciones con aspavientos y comentarios de admiración. Teresa y yo hacíamos como que seguíamos la historia, pero en realidad no pillábamos ni una. Cuando nos despedimos eran ya casi las doce.

Al llegar a casa, mis padres estaban viendo una película en la televisión. Mi hermana dormía plácidamente en el sofá con el Atlas Universal entre los brazos y una sonrisa dulce dibujada en su rostro.

Me quité la ropa, que traía mojada, y me puse el pijama. Luego me senté frente al televisor con un vaso de leche y la caja de las galletas.

–¿Qué tal? –preguntó mi padre mecánicamente, sin apartar los ojos de la pantalla.

–Bien –dije con amarga ironía–. Este pueblo es divertidísimo.

No quería hablar de mis cosas. Bastante tenía con tragarme mis problemas yo solo, así que cambié de tema rápidamente.

–¿Está interesante?

Mi padre picó el anzuelo y enseguida me habló de la película. En los anuncios, mi madre farfulló entre bostezos que había que acostar a Irene. Yo aproveché la ocasión que se me brindaba y me ofrecí voluntario para meterla entre las sábanas sin despertarla. Di las buenas noches y me llevé a mi hermana hasta su cama, la arropé con cuidado y le di un beso en la frente. Estaba a punto de salir de su habitación cuando oí su voz a mi espalda.

–Ha venido una chica a buscarte mientras tú andabas por ahí –susurró.

La habitación de mi hermana estaba casi a oscuras. A través de los cristales de la ventana se filtraba la claridad plateada de la luna.

–¿Quién era?

–No me lo ha dicho.

–¡Pues vaya!

–Me ha pedido el número de tu móvil.

–¿Y se lo has dado?

–Claro. Decía que era importante.

Me palpé los bolsillos del pantalón y descubrí que no llevaba el móvil encima. ¿Dónde podía haberlo extraviado? Entré en mi cuarto y respiré aliviado al comprobar que lo había dejado sobre la mesita de noche.

Abrí el buzón de entrada con algo de temor, esperando una amenaza de muerte fulminante, pero pronto comprobé que nadie quería mandarme al otro mundo todavía. El SMS contenía catorce palabras.

«Te espero mañana a las diez en la Playa del Sapo. No faltes. Alicia».

Así que era cosa de Alicia. Sonreí para mis adentros. Puse el despertador a las nueve y me metí en la cama con un cómic, pero me atrapó el sueño en la segunda viñeta y afortunadamente dormí toda la noche de un tirón.

Capítulo séptimo

Estoy tratando de salvarte la vida

La Playa del Sapo se extendía a la izquierda de la desembocadura del barranco y recibía su nombre por la forma de la gran roca que, situada sobre un pequeño montículo, parecía ejercer de centinela. Al otro lado del barranco, junto al mar, se levantaba una casa en ruinas con un enorme torreón circular que tenía el aspecto de llevar muchos años deshabitada.

Llegué a las diez menos cuarto y comprobé que Alicia ya estaba esperándome. Llevaba una camiseta blanca sin mangas y unos vaqueros.

–Buenos días –saludé, sentándome a su lado.

–Hola –me dijo Alicia con una sonrisa angelical.

El mar centelleaba, azul y violento. Un viento rabioso soplaba desde el este, agitando las copas de los árboles y levantando las olas en enormes espumarajos que rompían con estruendo contra las rocas.

Alicia era delgada y larguirucha. Sus ojos color caramelo miraban con una ingenuidad desconcertante, y sus labios rojizos estaban permanentemente dispuestos a la risa.

–¿A qué debo el honor? –pregunté solemne–. ¡No me habrás citado a las diez de la mañana para que admiremos juntos el paisaje!

–Claro que no. Solo quería prevenirte.

Aquello era lo último que yo deseaba oír en ese momento. Todo el mundo se estaba empeñando en amenazarme o advertirme de algún peligro. Empezaba a hartarme de aquella historia que, en realidad, nada tenía que ver conmigo. Daba la impresión de que todo Gélver se había confabulado para hacerme la vida imposible.

–¿De qué? –pregunté ásperamente.

–De Teresa. Pero no hace falta que te pongas tan tieso.

Por unos momentos me quedé confundido. Me hubiera esperado cualquier cosa menos aquella confidencia. Titubeé y Alicia lo notó. Su sonrisa había desaparecido y ahora su rostro reflejaba un vago temor.

–Te estoy hablando de algo muy serio –insistió–. Ten cuidado con Teresa.

–No sé por qué.

–Porque vi cómo te miraba cuando dijiste lo de Ángel.

Una bandada de gaviotas pasó sobre nosotros chillando y se posó en la arena, a unos cincuenta metros. Torpemente, creí que Alicia me estaba tirando los tejos.

–¿Es que estás celosa o qué? –inquirí en un estúpido alarde de vanidad.

–No seas idiota. ¡Estoy tratando de salvarte la vida!

Alicia me miraba con cierta melancolía. Se levantó de un salto y me tendió la mano para ayudarme a incorporarme. Después sacó una gorra blanca que traía escondida en el bolsillo trasero del pantalón y se la puso sobre la cabeza. Le daba cierto aire de vendedora de helados. Comenzó a caminar hacia la casa deshabitada con las manos en los bolsillos de los vaqueros. Yo la imité. Me coloqué a su lado y anduvimos unos pasos en silencio.

–¿Por qué crees que mi vida está en peligro?

–Mira, no te hagas el tonto. Anoche te vi paseando con Teresa. Parecíais muy buenos amigos –dijo con retintín; y antes de que yo me defendiera añadió–. Pasasteis por delante de mi casa. Yo estaba asomada a la ventana y no me fue muy difícil distinguiros.

–¿Y eso a ti qué te importa? ¡Yo puedo pasear con quien me dé la gana!

Alicia se paró en seco. Habíamos cruzado el barranco por un pequeño puente de madera y estábamos a unos metros de la casa semiderruida.

–Claro que puedes pasear con quien te dé la gana. ¡Es tu problema!

–¿Entonces?

–¡Teresa era la novia de Ángel!

Abrí unos ojos como platos.

–¿Cómo?

–Lo que has oído. Tal vez no fueran novios formales, pero salían juntos. Y todos los de la pandilla sabíamos que estaban enamorados.

Me callé. Me costaba un esfuerzo enorme encontrarle sentido a toda aquella historia que parecía sacada de la mente de un chiflado. Alicia amagó una media sonrisa.

–Después de la inexplicable muerte de Ángel y Ricardo pasaron cosas muy raras. Teresa y su madre desaparecieron del pueblo durante casi dos meses, y cuando regresaron, ella había desmejorado tanto que parecía otra.

–¿Dónde estuvieron?

–No lo sé. Jamás se supo. Nadie se atrevió a preguntarle nada y ella tampoco lo dijo. Pero a la gente le chocó mucho aquello.

Dos viejos pescadores, pertrechados con cestas y cañas, pasaron saludándonos. Nos quedamos mirándolos un rato, mientras se alejaban por la orilla.

–Bueno –exclamé–. ¿Y dónde está el peligro?

–Escucha, Daniel: Ángel y Ricardo desaparecieron sin dejar huella. La verdad de lo que sucedió no la sabe nadie, pero es algo turbio. Solo quiero que te olvides del asunto; no me gustaría que te ocurriera algo.

Alicia estaba mirando el mar cuando dijo esto último.

La conversación con Alicia me había dejado aturdido. Le di las gracias por sus vagas advertencias y me fui con la excusa de que tenía cosas que hacer. Palmira me estaría esperando para que la ayudara con el barnizado y la pintura de la casa.

No había querido mostrarle la amenazadora nota a Alicia. «Deja en paz a los muertos o muy pronto serás uno de ellos». Cuantas menos personas supieran de su existencia, mejor. Si una cosa tenía clara a aquellas alturas, era que debía actuar con cautela o acabaría convertido en comida para peces.

Me preguntaba por qué razón Alicia no había sido más explícita conmigo. Sus medias palabras y sus insinuaciones no habían hecho sino enredarme un poco más en la tela de araña que se estaba tejiendo sobre mí. Lo de «salvarme la vida» seguía pareciéndome desproporcionado. A fin de cuentas, que Ángel y Teresa hubieran sido muy amigos, incluso novios, no era razón para que mi vida corriera peligro solo por el hecho de que yo hubiese mencionado el nombre del ahogado en una estúpida sesión de espiritismo. Tampoco acertaba a comprender dónde residía la amenaza real que pudiera suponer para mí Teresa Torres.

Me dirigía a casa de Palmira cuando recibí un mensaje en el móvil.

«Mis padres quieren conocerte.

Ven a mi casa después de comer.

Teresa».

Ahogué un suspiro mientras releía el mensaje hasta cuatro veces para cerciorarme de su contenido. Respondí con un «ok» y guardé el móvil.

Me presenté en casa de Palmira a las once y media, y durante más de dos horas la ayudé a mover muebles y pintar persianas, con una camisola enorme y raída que me prestó para la ocasión. Apenas intercambiamos cuatro o cinco frases en toda la mañana, aunque de vez en cuando la sorprendí mirándome de soslayo. Un poco antes de las dos, Palmira dio por concluida la tarea y me invitó a una limonada que ella misma había preparado. Al despedirnos, le dije que por la tarde no podría ayudarla, porque había quedado con unos amigos, pero le aseguré que vendría a la mañana siguiente.

–No te preocupes, Daniel. Ven cuando puedas. No quiero fastidiarte las vacaciones.

Palmira me acompañó en silencio hasta la puerta. Me detuve bajo el arco y, antes de salir a la calle, farfullé algunas palabras para despedirme. Inesperadamente, se me acercó y me besó con suavidad en la mejilla. Me puse colorado y me marché sin decir nada, tropezando con unos cubos y sintiendo que el suelo se movía bajo mis pies.

En mi casa todo el mundo al parecer estaba pasando unas vacaciones fenomenales. Durante la comida, mis padres y mi hermana no pararon de hablar. Se quitaban unos a otros las palabras de la boca, reían, contaban anécdotas y chistes, bromeaban acerca de algún tipo estrafalario que habían conocido, proponían visitas y excursiones a cualquier playa vecina y mostraban una felicidad que hubiera resultado contagiosa en otras circunstancias.

Yo comía con los ojos extraviados en mi propia desdicha. Me sentía culpable de algún delito que no había cometido, mortificado por un pesar interior que no hacía más que crecer y crecer, como una enredadera oscura.

Me veía a mí mismo desterrado injustamente de aquel júbilo familiar. Oía a mis padres y a Irene como a miles de kilómetros de distancia. La mente se me iba una y otra vez, como un ave, sobrevolando campos de macarrones con tomate y bosques de ensalada de lechuga con alcaparras.

Mi vuelo me había conducido inesperadamente a casa de Palmira. Los muebles, las cortinas, las sábanas cubriendo sillas, los botes de pintura, la chimenea con el retrato de Ricardo y Ángel, todo había desaparecido de pronto. La casa se había convertido en un espacio azul, con nubes de algodón y pájaros volando en la lejanía. En algún lugar brillaba el sol y lo inundaba todo de una luz anaranjada. Palmira me miraba, con una mezcla de ternura y tristeza. Estaba pálida, con el pelo lleno de algas sobre los hombros, y su mirada tenía algo especial. Se me acercaba lentamente, alargaba los brazos que temblaban como olas. Estaba junto a mí. Sus ojos desprendían un brillo de fondo marino y en sus pupilas transparentes nadaban peces y medusas.

La voz de mi madre me despertó como un escopetazo. Me preguntó si podía retirar el plato de los macarrones. Irene y mi padre estallaron en una carcajada porque dije que no sabía de qué macarrones me estaba hablando. Cuando puse los ojos en la mesa, descubrí que mi plato permanecía intacto.

El beso que Palmira había depositado en mi mejilla me ardía igual que una brasa. No entendía cómo mis padres y mi hermana no veían las marcas de sus labios, dos líneas curvas y rojas sobre la piel de mi cara, igual que un sello prohibido. Por alguna extraña razón que no acertaba a comprender todavía, presentía que mi relación con la madre de Ángel Rosé estaba destinada a cambiar el curso de mi vida.

Capítulo octavo

¿A dónde vas con esa cara?

La casa de Teresa era una vivienda pequeña y coqueta, con la puerta y las ventanas de madera pintadas de color verde. Junto a la puerta crecía un hermoso rosal blanco lleno de flores. Antes de que tuviera tiempo de llamar a la campanilla, salió a recibirme un pequeño pequinés gruñón. Al tercer ladrido asomó la cabeza de Teresa.

–¡Hola! –saludó–. No tengas miedo de Milton. Ladra mucho, pero es un trozo de pan.

Luego se encaró con el perro.

–¡Milton! ¡A callar!

El animal se agazapó tras un arbusto, con el rabo entre las patas, mitigando un ronquido que pretendía ser una protesta.

Las advertencias de Alicia resonaban en mi cerebro cuando franqueé la puerta. «Ten cuidado con Teresa. Estoy tratando de salvarte la vida». Una mezcla de temor y de curiosidad bullía en mi corazón. Presentía que al entrar en aquella casa daba un paso del que me podría arrepentir, pero al mismo tiempo estaba convencido de no tener otra alternativa.

Los padres de Teresa me estaban esperando sentados en el sofá. Cuando me vieron entrar, se levantaron al unísono, se presentaron y me saludaron ceremoniosamente.

Basilio, el padre, era un hombre alto, de complexión fuerte, cabello oscuro y rizado, con algunas canas, y piel cuarteada por el sol. Pronto me di cuenta de que se sentía inquieto por mi presencia. La madre tenía un aspecto enfermizo; hablaba poco y parecía estar en otro mundo. Teresa puso unas galletas encima de la mesa; luego sirvió café para sus padres y sacó unos refrescos de naranja para nosotros. Tras las palabras protocolarias y la insulsa conversación sobre mi familia y nuestra estancia en el pueblo, sobrevino un silencio espeso.

–Daniel, mis padres querían conocerte. Les he hablado de ti –dijo sin más preámbulos Teresa.

Miré la bandeja de galletas porque no sabía dónde poner los ojos.

–Les he contado todo –añadió.

Dicho lo cual, alcanzó una galleta y se puso a comérsela tranquilamente, tomándose su tiempo. Deduje que ahora le tocaba hablar a otro. Tal vez a mí. Pero no sabía qué decir.

–¿A qué te refieres? –pregunté inocentemente.

–No hace falta que te hagas el tonto –respondió Teresa con la boca llena de galleta.

Basilio Torres sorbió un trago de café y encendió un cigarrillo. Después se levantó y comenzó a pasear por la estancia, en silencio, fumando con avidez y expeliendo el humo hacia el techo, como una locomotora, mientras buscaba las palabras.

–Mi hija nos ha contado lo de la Cueva del Moro y la conversación que mantuvo contigo anoche –dijo al fin.

Hizo una pausa cargada de electricidad que nadie interrumpió.

–¿Es verdad que has… –no sabía cómo decirlo–, que has visto… a Ángel?

Por el rabillo del ojo advertí que Adela, la madre, se retorcía nerviosamente las manos. Teresa había dejado de masticar galletas y me observaba.

Afirmé con un gesto.

–Al parecer –continuó Basilio, tras unos tensos instantes de silencio–, también has recibido una carta amenazante.

Miré a Teresa, que me tranquilizó con un gesto.

–Sí –dije.

–¿Qué sabes de Ángel?

No había tono de amenaza en aquellas palabras, sino de súplica. Basilio Torres apagó el cigarrillo en el cenicero que había sobre la mesa, junto a la bandeja de las galletas y la cafetera, y al hacerlo advertí que su mano fuerte y nervuda estaba temblando.

Supuse que debía contar toda la verdad si quería ser correspondido con la misma moneda, pero me encontraba con un grave obstáculo: ¿cómo discernir la realidad de la fantasía? ¿Qué sucesos desde mi llegada a Gélver habían ocurrido de verdad y cuáles habían sido solamente producto de la imaginación? Ángel se me había aparecido en dos ocasiones, incluso había conversado con él, pero ¿cómo podía explicar, sin provocar la risa o el pasmo, mi entrevista con un ahogado? ¿Tenía que hablar también de mi pesadilla, del pasadizo con velas, la cámara secreta donde se amontonaban juguetes rotos y la extraña lápida? ¿Qué había pasado realmente en la Cueva del Moro? Ni yo mismo lo sabía. ¿Debía también mencionar la existencia de aquella luz roja y epiléptica del faro en plena madrugada? ¿O la extraña historia de la Casa de los Muertos? ¿Cómo saber si guardaba alguna relación con el caso de Ángel? ¿Qué había de cierto y qué de ficción? Y además, las palabras de Alicia me acosaban, como campanas que resonaban en mi cerebro.

–Palmira me contó la historia de Ángel y su padre –empecé–. Sé que murieron ahogados y que sus cuerpos no han aparecido. Aunque parezca increíble, he creído ver a Ángel en dos ocasiones –traté de decir aquello con el tono más natural posible y pasé rápidamente a otro tema–. El día que estuvimos en la Cueva del Moro haciendo espiritismo, no sé por qué mencioné el nombre de Ángel –mentí–; supongo que porque tenía reciente su historia, o qué sé yo. Fue una casualidad que se quebrara el vaso. Seguramente alguien lo rompió mientras cerrábamos los ojos. No sé qué más puedo decir.

–¿Y qué hay de la carta? –preguntó Basilio, que había encendido otro cigarrillo.

Extraje el papel que llevaba en el bolsillo trasero del pantalón, lo desplegué y se lo mostré. Se puso pálido.

–Teresa nos lo contó –dijo devolviéndomelo–, pero no lo creímos.

Tomé una galleta, aunque no tenía ganas de comer. Lo que quería era llenar la boca para no seguir hablando. Prefería que Basilio me contara su versión.

–Supongo que Teresa te habrá dicho algo.

Hizo una breve pausa para apurar el café y dar un par de chupadas al cigarrillo.

–Yo también salí aquella tarde con Ricardo y Ángel en su barca –continuó mientras expulsaba una bocanada de humo–. La noche se nos echó encima y decidimos regresar, pero las cosas se complicaron. Nos tropezamos con unos hombres que se habían acercado en una lancha motora. Eran extranjeros. Por su forma de hablar parecían turcos o griegos. Cruzamos unas palabras e, inesperadamente, uno de ellos sacó una pistola y disparó sobre nosotros. Ricardo cayó fulminado al primer tiro. Ángel comenzó a gritar aterrado y el segundo disparo le dio en la cabeza. Yo me lancé contra el que tenía la pistola, derribándolo sobre la cubierta de la lancha. El arma cayó al agua, pero otro de ellos me arrojó un arpón. Apenas tuve tiempo de apartarme. El hierro se me clavó en las costillas y vi el cielo abierto. Me tiré al agua echando sangre por el costado y confiando en que la oscuridad de la noche me protegiera. Todavía no sé cómo llegué a la orilla ni cómo conseguí alcanzar la puerta de mi casa –hizo otra pausa–. Poco después recibí una extraña carta, como la tuya, amenazándome si no guardaba silencio.

Teresa me ofreció otra galleta, que yo rehusé con un gesto.

–¿Por qué los atacaron?

–No lo sé. Tal vez era una barca de contrabandistas y nos confundieron con policías.

Miré de soslayo a Teresa y a su madre y vi que ambas habían bajado los ojos. Y supe con toda certeza que Basilio Torres estaba mintiéndome.

Dice mi padre con frecuencia que una verdad silenciada acaba pudriéndose. Lo único que tenía claro cuando dejé atrás la casa y los ladridos de Milton era que la familia Torres me escondía lo más importante de aquel misterioso asunto, lo que seguramente había acabado envenenándolos.

Al pasar por la plaza reconocí a Gaspar y a Esteban. Estaban tomándose unos helados en la fuente y se levantaron cuando me vieron.

–¿A dónde vas con esa cara? –me preguntó Gaspar con los mofletes llenos de chocolate.

En otras circunstancias me hubiera reído, porque el aspecto de Gaspar era el de un niño goloso y gordinflón, pero si realmente tenía ganas de algo no era precisamente de reír, sino de echarme a llorar.

–¿Qué cara tengo? –disimulé.

–Parece que hayas reñido con tu novia –bufó Gaspar sin limpiarse el rostro.

–Yo no tengo novia –repliqué secamente.

–Bueno, hombre, pero no hace falta que me muerdas.

Me sentía mal y no me apetecía hablar con nadie, así que me inventé un dolor de cabeza y dije que me iba a tomarme una aspirina.

–Esta noche vamos a juntarnos en mi casa para jugar al Trivial –dijo Gaspar antes de que me marchara–. Si se te pasa el dolor de cabeza y te apetece, puedes venir.

–Gracias –mascullé, y antes de irme añadí–: Y límpiate la cara, que pareces un oso.

Le di una palmada en la espalda y le prometí que iría a su casa a jugar la partida.

Encontré a mi padre y a don Matías, el maestro, sentados bajo el ficus y tomándose unos refrescos. Hubiera deseado hacerme invisible para pasar desapercibido. Saludé con un gesto y traté inútilmente de escabullirme.

–Daniel, siéntate un momento con nosotros; te quiero presentar a don Matías.

El maestro me tendió la mano con una sonrisa demasiado amable.

–Ya nos conocemos –dijo–. ¿Cómo estás, Daniel?

–Bien, gracias.

–Estábamos hablando de ti, precisamente –informó mi progenitor.

–¿Es que no hay temas más interesantes? –pregunté con acidez.

–Don Matías es madrileño, como nosotros –prosiguió sin hacer caso de mi impertinencia–, pero vino destinado a Gélver hace más de quince años. Además de maestro es un gran aficionado a la buena música.

Cuando mi padre dice «buena música» se refiere siempre a la ópera. No entiende que el *rock* o el *heavy,* por ejemplo, se puedan considerar buena música. El rap ni siquiera es música, para él.

–Bueno –se defendió don Matías–. No tanto. En el fondo, solo conozco algunas obras de los grandes, como Mozart, Beethoven o Puccini.

–¿Le parece poco? La gente corriente cree que Puccini es la marca de unas zapatillas deportivas o una colonia.

No tenía más ganas de seguir allí, aguantando las peroratas de mi padre. Lo que más me apetecía en aquellos momentos era estar solo.

–Tengo que marcharme. He quedado con los amigos.

Y sin esperar respuesta desaparecí.

El mar. Azul. Inmenso. El oleaje deshaciéndose en blanca espuma a mis pies. Gaviotas. Lejanas nubes atravesando como barcos de espuma el espacio infinito.

Necesitaba poner en orden mis pensamientos.

¿Qué pintaba yo en Gélver? Tomé una piedra cualquiera y, como queriendo espantar mi rabia, la arrojé violentamente al agua.

–Lo siento –oí su voz a mi lado, y no me sorprendió su presencia.

–Te estaba esperando –le dije.

–Ya lo sé.

–¿Por qué yo? ¿Por qué me has elegido a mí?

Volví los ojos con furia para mirarlo y advertí, sobresaltado, que su cuerpo se había vuelto casi transparente. Sus ojos sin brillo me miraron desde una lejanía borrosa.

–Creí que podíamos ser amigos –susurró.

Sentí una lástima insoportable al oír sus palabras. La irritación que había experimentado unos momentos antes se me había pasado.

–No te molestaré más, Daniel. Seguramente, no volveremos a vernos.

Aquello era una despedida. Noté un nudo en la garganta. Lo miré abiertamente y observé una herida en la sien, sobre la oreja izquierda.

–¿Qué es eso que tienes en la cabeza? –le pregunté intrigado.

Se trataba de una pequeña brecha, como una cicatriz ondulada. Al contemplarla con detenimiento advertí que por aquella herida abierta fluía un líquido rojizo que parecía pus mezclado con sangre.

–Es un disparo.

Su confesión sonó como un cañonazo en mi cerebro. Tenía ganas de llorar y no sabía por qué. Quizás por todo a la vez: por él, por mí, por Teresa, por Alicia, por Palmira, por todos los personajes de aquella historia triste y terrible.

La brisa nos traía una mezcolanza de suaves olores veraniegos y a nuestro alrededor la luz del atardecer se deshacía en un lienzo de colores. Tanta belleza contrastaba con la oscura realidad que me envolvía en aquellos momentos.

–¿Quién fue?

Ángel se levantó y yo lo imité. Reparé en que su cuerpo se iba desvaneciendo poco a poco a mi lado.

–No lo sé –confesó sin mirarme–. Tal vez ya no importe demasiado.

–¿Quieres que haga algo por ti? –le pregunté antes de que se diluyera del todo.

–Quiero que le digas a mi madre que la quiero mucho.

No sé el tiempo que permanecí en silencio, mirando la nada y rumiando mi desasosiego, hasta que el chillido de unas gaviotas me hizo volver a la realidad y comprobé que las primeras estrellas habían comenzado a titilar en el firmamento.

Capítulo noveno

¿A quién se le ocurre ponerse malo en vacaciones?

Los últimos acontecimientos me habían abierto los ojos. Ángel y su padre habían sido asesinados. Al no aparecer sus cuerpos, no había delito y por lo tanto no había investigación criminal. En realidad no había caso. Bueno, mejor dicho, lo que había era una desaparición y lo que resultaba evidente era que alguien estaba interesado en que aquel asunto permaneciera silenciado. Las cartas amenazadoras que habíamos recibido Basilio Torres y yo así lo atestiguaban.

Si algo tenía claro a aquellas alturas era que no podía quedarme de brazos cruzados. Yo no era un valiente, desde luego, y tampoco quería convertirme en el protagonista de ninguna película fantástica, pero las cosas habían llegado demasiado lejos, y si cerraba cobardemente los ojos a las evidencias yo mismo me lo reprocharía durante el resto de mi vida.

Después de la cena, me marché a casa de Gaspar. Iba embebido en mis pensamientos, tratando de elaborar un plan de actuación, cuando una voz me detuvo al doblar una esquina.

–Caramba, pero si es Daniel.

Don Matías me sonreía. Estaba sentado en la terraza de un bar con otros hombres.

–Hola, don Matías.

–¿Adónde vas con tanta prisa?

–Voy a casa de Gaspar. Me están esperando para echar una partida al Trivial.

–Ah, estupendo –dijo levantándose–. Te acompañaré. Precisamente estaba pensando en retirarme y la casa de los Espinosa me viene de camino.

El maestro dejó unas monedas sobre la mesa y se despidió de sus amigos. Seguía oliendo a colonia barata, y observé que al andar cojeaba un poco. Tal vez esa era la razón de que se hiciera acompañar de un bastón. Anduvimos un rato en silencio, sin prisa.

–Esta maldita pierna… –dijo.

Era una forma como otra cualquiera de romper el hielo.

–¿Qué le pasó? –pregunté sin mucho interés.

–Me caí por las escaleras cuando tenía cuatro años. Como un pintor francés, Toulouse-Lautrec. Claro que a él le fue peor, porque aquel incidente le fastidió el crecimiento general. Tengo entendido que tu padre también sufrió hace poco un percance.

–Sí –admití algo sorprendido–. Hace unos cuatro o cinco meses tuvo un accidente grave con el coche y salvó la vida de milagro. Desde entonces, asegura que no va a volver a conducir nunca más. Por eso hemos venido a Gélver en tren. Bueno, por eso y porque el Opel aún está en el taller.

Don Matías celebró aquella ocurrencia mía con un gesto amable.

–¿Sabes? ¡Palmira te ha cogido mucho cariño!

Tragué saliva.

–Seguramente porque le recuerdo a su hijo.

El maestro sonrió, como dando por irrefutable mi observación.

–¿Qué tal las vacaciones?

Yo sabía que mis vacaciones le importaban un pimiento, así que ignoré su pregunta.

–¿Usted cree que me parezco a Ángel?

La pregunta debió de pillarlo desprevenido, porque se tomó su tiempo antes de responder.

–Supongo que sí –dijo al fin.

Frente a nosotros se erguía la casa del alcalde, una vivienda grande con un jardín enorme, en medio del cual destacaba una graciosa fuentecilla de mármol sin agua.

–Bueno, ya hemos llegado –anunció don Matías.

Me pregunté si el maestro tendría hijos y si olerían también a colonia rancia. Al fin y al cabo los hijos se parecen siempre a los padres.

–¿Se parecía Ángel a su padre? –le pregunté antes de pulsar el timbre.

–¿Te refieres a Ricardo?

–Claro. ¿A quién si no?

Don Matías hizo un gesto de desconcierto y, antes de que yo le preguntara nada, aclaró:

–Ricardo no era el padre de Ángel.

Quise fingir que aquella revelación no me había pillado por sorpresa y que a fin de cuentas tampoco me importaba tanto. Pero algo habrá de cierto en esa frase que dice que la cara es el espejo del alma. Las palabras del maestro habían hecho el mismo efecto que un terremoto en mi interior y yo debía de estar poniendo cara de imbécil.

–¡Oh! ¡Creí que lo sabías!

–Pues no, no lo sabía –dije secamente.

Don Matías se vio en la obligación de aclararme aquel nuevo dato.

–Palmira y Pablo Rosé llegaron a Gélver el mismo año que yo. Al poco de estar aquí nació Ángel, su único hijo. Ellos procedían de Cataluña, de la parte de Gerona. Pablo venía destinado como médico y yo como maestro, y pronto hicimos amistad. A él le gustaba que los amigos le llamaran Pau. Era un buen hombre, pero la vida a menudo es injusta con los buenos hombres. A los seis años de estar aquí sufrió un accidente que le costó la vida. Al parecer, su coche se quedó sin frenos, se salió de la carretera y fue a estrellarse contra un árbol. Nada se pudo hacer por él porque murió en el acto.

Hizo una pequeña pausa antes de proseguir, que yo respeté.

–Palmira optó por quedarse aquí. Aquí había nacido su hijo y aquí estaba enterrado su marido. ¿Qué podía hacer? ¿Regresar a Gerona? ¿A qué?

En ese momento aparecieron Julián y otro muchacho al que había visto alguna vez por el pueblo. Llamaron al timbre y salió Raquel a abrirles la puerta de la cancela. Yo les dije que tardaría un poco en entrar. Se metieron para adentro entre risas y me pidieron que no me retrasara mucho, que ya estaban todos esperando para empezar la partida.

–¿Por qué no has entrado? –preguntó don Matías.

–Porque quería que me contara qué pasó después. ¿Quién era Ricardo?

El maestro se tomó su tiempo antes de responderme. Su rostro se había contraído en una mueca en la que se entremezclaban la resignación y la fatalidad. Evidentemente, el nombre de Ricardo no le resultaba agradable.

–Palmira era una mujer sola, joven y hermosa, que acababa de enterrar a su marido y se enfrentaba a la difícil tarea de sacar adelante dos vidas: la suya y la de su pequeño. No era una misión fácil.

Imaginé el resto de la historia antes de que él me la contara, pero esperé.

–Ricardo comenzó a cortejarla y ella aceptó casarse con él.

No pude evitar lanzarle una flecha.

–¿Y usted?

Mi pregunta lo pilló por sorpresa. Abrió la boca como un pez fuera del agua.

–¿Qué quieres decir?

–¿Por qué no se casó usted con Palmira? Usted estaba soltero, ¿no?

–Pues..., porque..., no sé. Al fin y al cabo era la viuda de un buen amigo. No pensé en ello.

Supe que estaba disimulando. No hacía falta ser muy listo para darse cuenta de que él también había pretendido a Palmira, pero la mujer había elegido al otro. Ricardo era, pues, el rival que le había arrebatado la posibilidad de conseguir a la mujer amada.

–¿Y quién era Ricardo? –volví a preguntar.

–Ricardo Torres. Un tipo atlético. Trabajaba en Vera, me parece.

–¿Ha dicho Torres? ¿Tiene algo que ver con Teresa?

–¿Teresa Torres? Claro. Ricardo era su tío.

Ahora sí que no entendía nada. ¡Basilio y Ricardo eran hermanos! De pronto recordé las graves advertencias de Alicia y un enorme escalofrío me recorrió la espalda.

La partida de Trivial fue un verdadero suplicio para mí. No estaban Teresa ni Alicia y, además, las últimas averiguaciones habían desatado en mi interior un auténtico festival de fuegos pirotécnicos que me estaban literalmente quemando las entrañas. Fallé todas las preguntas, incluidas las que hubiera respondido sin problemas un idiota, y mentí diciendo que el dolor de cabeza seguía sin abandonarme. Los demás reían y se gastaban bromas, ajenos a mi desdicha.

No había pasado una hora cuando dije que me iba porque notaba que me estaba subiendo la fiebre.

En mi casa, mis padres y mi hermana se lo estaban pasando bomba con Indiana Jones, y ni siquiera me miraron cuando dije que me iba a la cama porque estaba cansado y me apetecía acostarme pronto.

Me tumbé vestido, de cara al techo, con un cansancio de siglos, y comencé a repasar los últimos acontecimientos. Debería haberlos escrito en un papel para ordenarlos y extraer algunas conclusiones, pero los músculos no me respondían y me abandoné al sueño.

Un sueño pesado que me conducía a través de una espesa bruma a algún lugar desconocido. Me vi sin saber cómo sobre una barca, solo, rodeado de niebla y aguas oscuras. De pronto, a lo lejos, la vi. Era la luz del faro, lanzándome extraños guiños rojos y verdes, en medio de la oscuridad, como el ojo de un cíclope. La niebla se condensaba hasta adquirir consistencia casi sólida y amenazaba con ahogarme. La barca entraba entonces en una extraña gruta con hornacinas en las paredes, aunque no había velas ni antorchas. En cada hornacina descansaba una pequeña figura, como un santo en miniatura. Me acerqué despacio a una de ellas y descubrí aterrado que no eran estatuillas religiosas, sino muñecos, grotescos muñecos que reían sin voz y miraban con ojos vacíos.

Me desperté aterrado, sudando y tiritando de frío, y comprobé que aún no eran las dos de la madrugada. Me incorporé levemente sobre la cama y observé que la extraña luz del faro seguía dando guiños regulares y verdes en la inmensidad de la noche. De repente, los guiños se volvieron rápidos y rojos, hasta que desaparecieron tragados por la negrura.

Me acerqué al cristal. Pensé que me encontraba todavía en mitad de una pesadilla y que nada de aquello tenía que ver con la realidad. ¿Estaba delirando? ¿Iba a enloquecer? Me volví a tumbar sobre la cama sin quitarme la ropa y me hundí de nuevo en aquella ciénaga en la que se había convertido mi vida desde mi llegada a Gélver.

Mi madre vino a rescatarme del naufragio a las doce del día siguiente, pero yo no podía ni siquiera abrir los ojos. Tenía casi cuarenta de fiebre y me dolía hasta respirar. Mi padre me recetó una buena dosis de antibióticos y antipiréticos, y pronosticó que en un par de días estaría como nuevo.

Solo se equivocó en un día: no tardé dos sino tres en volver a salir a la calle, más alto, más delgado y más desvaído. Irene, con su gracia habitual, dijo que se me había puesto pinta de ectoplasma y le tuve que soltar un coscorrón.

Lo primero que hice al dejar la cama fue dirigirme a casa de Palmira. Necesitaba verla para aclarar algunos detalles. La convalecencia me había venido bien para recuperar fuerzas y ordenar algunas piezas de aquel extraño puzle.

Palmira siempre daba la impresión de estar esperándome. Su aspecto me recordaba al de esas diosas de los cuadros mitológicos renacentistas que yo había visto en los libros de texto. No me resultó difícil imaginar a Venus o Minerva con su rostro.

Me sirvió la infusión con una sonrisa.

–No se lo va a creer, pero echaba de menos su té.

Acentuó la sonrisa. Luego encendió un cigarrillo y me miró a los ojos.

–A quién se le ocurre ponerse malo en vacaciones.

–Ya ve.

–Creo que lo que tú pretendías era dejar de ayudarme.

Fue entonces cuando observé que la casa estaba completamente pintada y limpia. Todo olía a barniz y a jabón de lavanda, y un enorme jarrón con flores amarillas y blancas adornaba la mesa del salón.

–¡Vaya cambio! No me ha esperado para arreglar todo esto, Palmira.

–No te preocupes –sonrió–. Ya te encargaré algo para que no te aburras.

Me levanté y me acerqué a la chimenea. Tomé el retrato en mis manos y volví con él al sillón desde donde Palmira me observaba en silencio.

–¿Quién es? ¿Ricardo o Pau?

Ella no pareció sorprendida por mi pregunta. Tal vez la estaba esperando.

–Ricardo.

La miré a los ojos con afecto.

–No me lo contó todo.

Antes de responderme, tomó un largo sorbo de té y dio un par de chupadas al cigarrillo. Me contempló unos momentos a través del humo en silencio. Después se levantó pausadamente del sillón y comenzó a pasear por la estancia mientras hablaba.

–No sé quién te lo ha dicho, y tampoco sé lo que sabes o lo que no sabes. La historia de mi vida es muy triste. A veces pienso que no me quedan lágrimas para llorar a mis muertos y que quizás sería mejor arrojarme al mar y desaparecer para siempre.

Me sentí como un cretino por haber hurgado en su herida.

–Lo siento –murmuré torpemente.

–Cuando Pau murió pensé que el mundo se acababa para mí. Yo lo adoraba. Hubiera deseado morir con él a no ser por mi hijo. Ángel tenía entonces cinco años y era la viva imagen de su padre. Después vinieron años muy difíciles. Empleé todos los ahorros y el dinero que me ofrecieron por unas tierras de mis padres en comprar estas dos casas que ahora tengo. Yo siempre he vivido en la que ahora ocupáis vosotros, pero a la muerte de

Ángel y Ricardo decidí cambiar de vivienda. No podía soportar sola la presencia de tanta muerte en mis recuerdos.

De repente, noté que el retrato me quemaba en las manos y lo dejé sobre la mesa.

–Cuando tu padre me dijo que tú tenías dieciséis años, decidí asignarte la habitación de mi hijo. Tal vez hice mal. No sé. Quise creer que Ángel regresaba a mi lado y deseé ver en ti al hijo perdido. Cuando te conocí supe que no me había equivocado.

Capítulo décimo

Hay alguien que te busca

PALMIRA paseaba por la casa, se detenía, sonreía, acariciaba algún objeto con el alma extraviada en un limbo de recuerdos.

–No me queda nada –musitó amargamente–. He perdido a mis dos maridos y a mi único hijo. Mis padres también murieron hace tiempo. Mírame. Tengo cuarenta años y parece que haya vivido doscientos.

Quise decir algo, pero no supe qué.

–Todos los días me despierto queriendo creer que Ricardo y Ángel siguen vivos, aunque sé a ciencia cierta que no es así. Suele decirse que la esperanza es lo último que se pierde. Yo no tengo ni siquiera la esperanza.

–Al menos le queda el consuelo de saber que hay mucha gente que la quiere y que está dispuesta a ofrecerle todo su cariño.

–El único consuelo es que aparezcan sus cuerpos para darles sepultura y poner fin de una vez a esta interminable pesadilla.

A través de la ventana miré el cielo. Brillaba en lo alto un sol magnífico y el día era azul y cálido. La invité a dar una vuelta para tomar el aire. Caminamos en silencio hasta la playa y nos quedamos contemplando el horizonte durante varios minutos.

–¿Qué pasó realmente aquella noche? –pregunté de repente.

Palmira me miró sorprendida. Parecía como si temiera confesarme algo de lo que pudiera arrepentirse más tarde.

–Por favor –supliqué–. Dígame la verdad.

Nos descalzamos y empezamos a caminar por la orilla.

–Ricardo y Ángel estuvieron haciendo pesca submarina aquella tarde de sábado. Pero no trajeron nada. Regresaron a casa de vacío, cenaron y volvieron a salir a las doce para pescar con potera o con linterna, no lo sé. Yo de eso no entendía, aunque se lo escuchaba decir. Mi marido no lo hacía casi nunca porque es una práctica ilegal, pero se empeñó en traer algo para el domingo. A Ángel le hacía mucha ilusión salir de pesca por la noche.

–¿Eso es todo?

Ella se detuvo y me miró. El aire le acariciaba los bucles rubios que danzaban sobre su frente. Estaba realmente hermosa contra el fondo azul del cielo.

–¿Qué más quieres saber? No hay nada más.

–¿Por qué no me ha dicho que Ricardo tiene un hermano?

Se quedó desconcertada.

–No sé por qué tenía que habértelo dicho. ¿Qué tiene que ver Basilio con todo esto?

Desconozco de dónde saqué el valor, pero conseguí mirarla a los ojos sin pestañear.

–Esperaba que usted me lo dijera.

Amagó un gesto de contrariedad y reanudó el paseo. Yo caminé a su lado en silencio. Por un momento temí resultar demasiado impertinente y me asaltó la idea de retractarme, pedir perdón y salir huyendo.

Palmira parecía leer mis pensamientos. Su voz había recuperado la dulzura habitual cuando volvió a hablarme.

–La verdad es que Basilio nunca me cayó bien. Jamás he tenido relación alguna con él ni con su familia. Ninguno de ellos apareció por casa cuando ocurrió la desgracia. Eso es todo. No quiero que vuelvas a mencionar su nombre en mi presencia, si no te importa.

Sus palabras no denotaban acritud ni vehemencia, sino una profunda pesadumbre. No quise insistir para no herirla. Tuve, sin embargo, la sensación de haber detectado algunas diferencias entre la versión de Basilio y la que acababa de ofrecerme Palmira, pero fui incapaz de recordar los detalles y preferí olvidarlo.

A lo lejos reconocí las siluetas de Irene y sus dos amigas, que se nos acercaban corriendo y haciéndonos señas.

Palmira y yo levantamos los brazos.

Caía un sol de plomo a la hora de la siesta, así que me senté a leer algo, pero a los pocos minutos la voz de mi madre me hizo regresar al mundo real.

–Ahí fuera hay alguien que te busca.

Dejé el libro sobre la mesita y me asomé al jardín. Era Alicia.

–¡Hola! –gritó con su inconfundible voz.

Salí sonriendo. Sinceramente, me alegraba un montón de verla.

–Vaya, no te esperaba –dije a modo de saludo.

–Tu hermana me ha dicho que ya te habías levantado de la cama.

–¿Irene? No me extraña. Seguro que ya lo sabe todo el pueblo.

–¿Te apetece venir a dar una vuelta? Podríamos ir al parque. Seguro que hay alguien por allí. La gente te echa de menos.

No tenía muchas ganas, pero pensé que me vendría bien, así que acepté.

–¿Qué tal? –dijo Alicia mientras caminábamos–. ¿Ya estás fuerte?

–Ya lo creo. Con las ensaladas de pasta que prepara mi madre estoy hecho un toro.

–Has crecido.

–¿Cómo lo sabes?

–Porque antes te llegaba hasta la frente. Ahora apenas alcanzo tu nariz.

–¡Caramba, Alicia! –exclamé verdaderamente sorprendido–. ¡Qué observadora! ¡Te pareces a mi abuela!

Alicia sonreía por cualquier cosa. Era la imagen misma de la felicidad.

–Tú también te estás haciendo mayor –le dije–. ¡Te has pintado los labios!

–¡Vaya, hombre! –bromeó–. ¡Creí que no te ibas a dar cuenta!

Cuando llegamos al parque, compré dos bolsas de pipas y dos refrescos de limón y nos sentamos en un banco para ver caer la tarde.

Alicia era una de esas personas con las que uno nunca se aburre. Su alegría era algo que emanaba espontáneamente de su persona. A su lado, uno no necesitaba las palabras para llenar incómodos silencios. Pronto descubrí que, sin embargo, una de sus mayores virtudes era la capacidad para escuchar. Parecía interesada en todo lo que la rodeaba y argumentaba que las personas aprenderían muchas más cosas si se limitaran a observar más y a parlotear menos. Yo estaba de acuerdo en todo lo que decía. Tal vez por eso, de vez en cuando nos quedábamos callados, royendo pipas y mirando los pájaros, sin importarnos que la tarde se disolviera silenciosamente a nuestro alrededor.

–¿Sabes? –dijo de pronto–. A menudo he pensado que la inteligencia de las personas puede medirse por su capacidad para soportar el silencio.

La miré burlonamente. El pelo castaño le caía graciosamente sobre los hombros y contrastaba con el color caramelo de sus ojos. Su naturalidad le confería un aspecto de niña traviesa.

–Es posible –comenté.

–No se puede hablar y pensar al mismo tiempo –razonó–. Quien mucho habla poco piensa.

–Eso suena a refrán.

–Es una frase mía.

–¿Te gusta la filosofía?

–Me gusta todo lo que tenga que ver con el mundo.

–Alicia. Tengo que pedirte un favor.

Ella me miró con curiosidad. Tomó un trago de limonada y sonrió con aquel gesto suyo tan inocente que yo empezaba a apreciar.

–Vale. Pero no te pongas tan serio, que me asustas.

–¿Qué sabes de la Casa de los Muertos?

La sonrisa de Alicia se convirtió en un gesto de preocupación.

–¿A qué te refieres?

–Pues, nada. He oído la historia y me apetece escuchar tu versión.

Se levantó sin prisa y me pidió con los ojos que la imitara.

–Vamos al espigón –sugirió–. Desde allí el mar se ve precioso a estas horas.

Mientras nos dirigíamos al rompeolas, Alicia comenzó a hablar.

–La historia de esa casa es un misterio –especificó con un mohín–. Es un caserón abandonado desde hace muchos años. Desde la guerra, dicen. Seguramente se ha convertido en un nido de bichos y mendigos. No sé qué quieres que te cuente.

–¿Por qué la llaman así?

–¡Yo qué sé! ¡Será por la guerra!

El espigón estaba flanqueado por enormes rocas, llenas de cangrejos, donde batía el agua del mar. A lo lejos podían divisarse, dispersas, embarcaciones a vela recortándose contra el azul del horizonte. La brisa empujaba pequeñas nubecillas blancas hacia el sur. Nos sentamos al final, en los últimos riscos, y nos abandonamos a la contemplación de aquel espectáculo.

No sé cuántos minutos estuvimos en silencio. Pensé que si el paraíso existía no debería de ser muy diferente a aquello. Sin saber cómo, me encontré observando a Alicia, que dormitaba con los ojos cerrados. El viento, húmedo y salado, le empujaba el pelo hacia atrás y el sol dulzón de la tarde se posaba en su rostro. Noté que sus pechos crecían al llenar de aire los pulmones y tuve que apartar la mirada, turbado por aquella visión. Al rato abrió los ojos y me contempló como si hubiera regresado de un viaje astral.

–¿De qué estábamos hablando?

–Hablábamos de la Casa de los Muertos –le recordé.

Su rostro dibujó una expresión de fastidio.

–¿Por qué te interesa tanto ese tema?

–Sospecho que en esa casa ocurrió algo que tuvo que ver con la muerte de Ángel.

Alicia me miró con asombro. Debió de pensar que me había vuelto loco, porque se quedó con la boca abierta casi medio minuto.

–¿He dicho una estupidez o una inconveniencia? –pregunté finalmente.

–¿Por qué te empeñas en rescatar la historia de Ángel?

No quería contarle lo de mis extrañas entrevistas con el espíritu de un muerto. Bastante tenía con habérselo revelado a

Teresa y a sus padres. Como no sabía qué contestar, respondí con otra pregunta. Era un sistema que había aprendido de mi padre.

–¿Tú crees sinceramente que Ángel y su padre se ahogaron?

Alicia se levantó y se puso a andar, y yo la imité.

–Yo no sé nada.

–No te creo –dije sin dureza.

Habíamos dejado atrás el espigón y ahora caminábamos por el paseo.

–Me dijiste el otro día –añadí– que esta era una historia muy turbia.

Alicia sacó el paquete de pipas que había guardado en el bolsillo trasero de los vaqueros y comenzó a comer.

–¿Quién era el cazador que descubrió el muerto en la casa abandonada?

Nos detuvimos en seco. Un poco más allá, sentados en un banco de piedra, dos viejos languidecían al sol.

–No sé de qué cazador ni de qué muerto me estás hablando.

Tenía que cambiar de táctica. Por aquel camino no conseguiría llegar muy lejos. O Alicia no quería ayudarme o sencillamente estaba diciendo la verdad, así que decidí atacar por otro flanco.

–¿Conoces al teniente de la Guardia Civil?

–¿El teniente Vidal? Sí, claro. Es uno que tiene un bigote así de grande. Todo el mundo lo conoce en Gélver por su mala leche.

–Estupendo –dije–. En ese caso, no tendrás reparos en acompañarme.

–¿Acompañarte? –preguntó perpleja–. ¿A dónde?

–A la casa cuartel.

A Alicia se le cayeron las pipas al suelo.

–¡Estás loco! –exclamó asustada.

Capítulo undécimo

Todo por la Patria

SEGURAMENTE Alicia tenía razón. Solo a un loco podía ocurrírsele aquella disparatada idea. ¿Qué le podía preguntar al teniente Vidal cuando lo tuviera delante? Lo más probable es que me tomara por un chiflado.

Alicia caminaba a mi lado, sin entender muy bien qué era lo que yo pretendía. Cruzamos un par de calles y llegamos a la casa cuartel, un edificio blanco con palmeras a la puerta y la consabida frase de «Todo por la Patria» sobre la fachada a modo de bienvenida. Un guardia, apostado en la puerta, controlaba el paisaje con cara de *bulldog*.

–¿Me vas a decir lo que te propones? –preguntó ya casi en las narices del guardia.

–No lo sé –admití, y luego añadí–: Pero de una cosa sí estoy seguro.

–¡Por Dios, Daniel! ¿Y no podías encender alguna cerilla para alumbrar la oscuridad que hay ahora mismo en mi cerebro? ¿Podrías decirme al menos de qué estás seguro?

No sé de dónde saqué la sonrisa y la convicción con la que dejé escapar las palabras.

–Estoy seguro de que te necesito.

Alicia parpadeó y sonrió nerviosamente.

–Vaya, hombre. Esa sí es una buena cerilla.

El *bulldog* se acicaló la gorra y carraspeó antes de preguntarnos qué queríamos. Le dije que deseábamos hablar con el teniente Vidal y que éramos amigos de su hija Violeta. El guardia gruñó por lo bajo, se metió para adentro y al momento volvió a salir.

–Podéis pasar. Al fondo a la derecha.

El despacho no era otra cosa que un pequeño cuarto con trastos amontonados por todas partes. Sobre la mesa, muchos papeles, un ordenador, un flexo y un bote con lápices. En la pared, el retrato del rey. Un fichero metálico en un rincón, dos sillas de plástico y una estantería con archivadores y carpetones completaban el decorado. El teniente Vidal nos recibió sin levantarse. Era un hombre alto y fuerte, con un bigote que le tapaba media cara, la piel curtida por el sol y las facciones propias de un hombre acostumbrado a luchar contra los elementos. Se le notaba enseguida que no era amigo de las palabras.

–¿Qué queréis? –preguntó a palo seco, sin invitarnos a tomar asiento.

Yo llevaba preparada la lección.

–En primer lugar, quería presentarme. Soy Daniel Villena. Esta es mi amiga, Alicia Guerrero.

El teniente no movió ni un músculo.

–Antes de exponerle el motivo de nuestra visita, quiero decirle que conozco a su hija Violeta. El otro día vino de excursión con nosotros…

–Ah, sí –atajó él–. Me lo contó mi hija. Un mal día. Llovió a cántaros.

–Pues el asunto, verá usted, es que yo… Supongo que su hija se lo habrá dicho… Nosotros somos de Madrid y hemos venido a Gélver de vacaciones. Mi familia, quiero decir.

Alicia, a mi lado, no hacía más que morderse las uñas.

–El caso –proseguí– es que el profesor de Literatura nos ha pedido que este verano hagamos un trabajo. Ya sabe usted cómo son los profesores –reí estúpidamente–. No nos dejan descansar ni en vacaciones.

El teniente Vidal parecía una estatua. Estaba escuchándome sin pestañear. Creo que ni siquiera respiraba. Como no soltara pronto lo que quería decir, iba a terminar por ponerme nervioso y enredarme en mis propias mentiras.

–Lo que quiero decirle es que tengo que escribir un relato sobre alguna historia o leyenda local –tragué saliva antes de lanzar el escopetazo último–. Y se me había ocurrido contar la extraña historia del cazador en la Casa de los Muertos.

Una vez dicho aquello podía suceder cualquier cosa. Incapaz de soportar la mirada del teniente, fijé los ojos en el retrato del rey y esperé acontecimientos.

El teniente Antonio Vidal tomó el paquete de tabaco, sacó un cigarrillo y le prendió fuego. Luego dejó transcurrir unos segundos antes de responderme. Creo que fueron los segundos más largos de mi vida.

–¿Qué sabéis del cazador? –preguntó al fin.

Bajé los ojos del retrato real y los posé sobre el rostro serio del hombre.

–Poca cosa. Lo que su hija nos contó el otro día.

El teniente se levantó y se asomó a la ventana del despacho. Desde nuestra posición se veía el patio de la casa cuartel. Un par de palmeras, un olivo, un amplio espacio empedrado con dos vehículos de la Benemérita. El hombre, visiblemente contrariado, se dio la vuelta hacia nosotros.

–Siempre le pedí a mi hija que no contara esa historia –dijo–. Pero los niños son incapaces de guardar un secreto.

Alicia y yo asentimos en silencio.

–Dice Violeta que fue el día anterior a su cumpleaños. El 5 de marzo, si no recuerdo mal.

El teniente Vidal me miró con gravedad.

–¿Y qué más te contó mi hija?

La conversación había llegado al punto que me convenía. No tenía más que exagerar la historia de Violeta y relacionarla con la extraña muerte de Ángel y Ricardo. Lo demás vendría solo.

–Me contó que un cazador descubrió de madrugada un muerto en la casa. Lógicamente, el hombre se acercó hasta el pueblo, más en concreto hasta aquí, la casa cuartel, para dar cuenta del hallazgo. Cuando ustedes llegaron, con los coches patrulla, el muerto había desaparecido.

Hasta ahí lo narrado por Violeta. Ahora me tocaba enredar la madeja.

–Pero eso no es todo –retomé el hilo–. Esa misma noche acababan de desaparecer Ricardo Torres y Ángel Rosé.

Observé que el teniente Vidal se ponía rígido.

–Al parecer, el cazador dio una descripción del muerto, que tenía una cicatriz o una herida –inventé–, y por algún motivo que se me escapa ese muerto tenía relación con la extraña desaparición de Ricardo y Ángel.

–¿Qué te hace pensar a ti eso?

–Es solo una suposición. ¿No le parece mucha casualidad que sucedan dos acontecimientos tan extraños en una misma noche?

–Las suposiciones son solo eso: suposiciones; la realidad es otra cosa.

–Está bien –admití–. Tal vez sea una jugada del azar. ¿Podría decirnos quién era el cazador que vio al muerto?

El teniente Vidal volvió a sentarse y apagó el cigarrillo. El cenicero estaba atestado de colillas.

–Claro –autorizó al fin, y luego, mirando a Alicia, añadió–: Tú lo debes de conocer. Es Bernardino, el que vive en el cortijo de Las Beatas. Lo habrás visto alguna vez por el pueblo.

Alicia afirmó con un monosílabo inaudible.

–De todas formas –agregó el teniente–, no creo que él os cuente mucho más. Hace más de cuatro meses de esto.

Le dimos las gracias y salimos a la calle. La tarde había comenzado a emborronarse.

Todavía me sentía un poco renqueante de la fiebre que me había mantenido tres días en cama. Se lo dije a Alicia y se empeñó en acompañarme hasta casa. Caminamos un buen trecho hablando de tonterías, dejando que cayese sobre nosotros la noche y contemplando las primeras estrellas.

–Ya sé que es pronto, pero estoy cansado –le dije a modo de despedida a la puerta de mi casa.

–Lo comprendo.

Estábamos los dos parados, a un palmo escaso uno del otro. Los ojos de Alicia me miraban con fijeza.

–¿Qué miras con tanto interés? –le pregunté.

–No sé –me dijo–. Me pareces un chico muy raro.

Se me subió el pavo y me puse como un tomate. Menos mal que era de noche. Pero Alicia debió de advertirlo y sonrió divertida.

–Bueno, adiós –dije sin moverme.

–Adiós –respondió ella también sin moverse.

Me sentía como un idiota.

–¿Sabes dónde está el cortijo de Las Beatas? –balbuceé.

–Claro.

Alicia no se apartaba de mi lado. Sus ojos estaban clavados en los míos, brillantes y enormes, como lámparas, y sentí un nudo en la garganta.

–¿Vendrás conmigo?

No tuvo tiempo de responderme. Mi hermana apareció de repente por allí con una linterna y un pequeño cubo.

–¡Hola! –saludó.

–¡Hola! –replicó Alicia.

–¿Por qué estáis tan serios? Parecéis dos guardias jurados.

–Estamos contemplando la noche –corté con rapidez.

Pero Irene no se daba por vencida fácilmente.

–¿Queréis venir a coger luciérnagas?

–No, Irene –intervine con aire de fastidio–. No queremos coger bichos. ¿Por qué no desapareces y nos dejas en paz?

Irene disfrutaba poniéndome nervioso, sobre todo delante de las chicas. En vez de desaparecer, me lanzó un dardo.

–Si lo que quieres es quedarte solo para darle un beso a Alicia, lo dices, pero no tienes por qué ser tan impertinente.

Estaba visto que mi hermana me sacaba de quicio como nadie en el mundo.

–¿Quieres irte de una vez y dejar de decir tonterías?

Irene sonrió con picardía.

–Vale, vale –aceptó sin irse.

Alicia se lo estaba pasando pipa. La frescura de mi hermana le resultaba graciosa.

–Bueno, la que se va soy yo –dijo entonces, y se dio media vuelta para marcharse.

–Espera –grité antes de que se alejara–. Mañana por la mañana. ¿A las diez?

–Vale –me dijo desde la distancia–. En la plaza.

Se perdió enseguida entre las sombras de la noche y yo me quedé un rato siguiendo con los ojos el invisible rastro de su silueta. Cuando volví a la realidad, Irene había desaparecido con la linterna y el cubo. ¡Le hubiera dado una paliza!

Al entrar en casa me llevé una sorpresa. Palmira y mi madre estaban charlando en el sofá, mientras mi padre leía el periódico.

–¡Vaya por Dios! –exclamó mi madre al verme aparecer–. ¡Tengo un hijo! ¡Ya no me acordaba!

–¡Hola! –miré a Palmira.

–Hola, Daniel –me saludó.

Mi padre se limitó a preguntarme por mi estado de salud y a recordarme que un muchacho que acababa de estar tres días en cama no debería andar por ahí como un perro vagabundo.

–Juventud, divino tesoro, que dijo el sabio –sentenció por último.

–No fue ningún sabio –rectificó mi madre–. Fue Rubén Darío.

–Es lo mismo –resolvió él–. ¿Acaso Rubén Darío no fue un sabio?

–Nosotros hemos cenado –dijo mi madre–. En la cocina tienes una *pizza*. Ponte un vaso de leche o un zumo.

Entré en la cocina y me zampé la *pizza* en un santiamén. Luego llené un buen tazón de leche con Cola Cao y salí con él al salón. Me senté junto a mi padre.

La conversación que traían las mujeres me hizo saber que Palmira, al igual que mi madre, había estudiado la carrera de Magisterio y, casualmente, ninguna de las dos había ejercido la profesión docente.

–Muchas veces pienso que todavía estoy a tiempo de preparar unas oposiciones y meterme en el mundo de la enseñanza.

–Por supuesto que sí –defendió mi madre–. Tú eres todavía una persona joven y dispones de tiempo para estudiar. ¡Y también para vivir!

Miré por la ventana y vi las luces de varias linternas. Mi hermana y sus amigas, pensé. Apuré el Cola Cao y fui a la cocina a dejar el tazón en la pila.

–¡Qué desastre! –exclamó mi padre señalando el periódico– ¡Esto es un caos social! Entre las pateras de los inmigrantes ilegales, las redes de prostitución y el asunto de la droga que viene de Marruecos no sé dónde vamos a parar. Ya solo falta que aparezcan en escena los traficantes de armas.

–¿Qué pasa? –pregunté, saliendo de la cocina.

–¿Qué pasa? –me tendió el periódico–. En el último mes han sido decomisadas más de diez toneladas de hachís en las costas de Murcia y Almería en un total de ocho operaciones.

Tomé la prensa y leí los titulares que me señalaba mi padre: «Las costas del sudeste español se han convertido en el principal punto caliente del narcotráfico». El método, según decía el periódico, era muy sencillo: el hachís venía de Marruecos en barcos pesqueros; a unas cuantas millas de la costa se acercaba una lancha motora, recogía los fardos con la mercancía y descargaba en una cala deshabitada, donde alguien compinchado cargaba la droga y desaparecía. Los grupos mafiosos estaban formados por redes magrebíes organizadas y era muy difícil acabar con ellos.

Dejé el periódico y me zambullí en la novela que acababa de comenzar esa misma tarde. Mi madre y Palmira habían derivado la conversación otra vez hacia la carrera de Magisterio y los asuntos de la educación; mi padre acababa de enchufar la tele y se había puesto a ver un documental sobre el imperio otomano, y yo no hacía otra cosa que leer y releer el mismo párrafo sin enterarme de nada.

Capítulo duodécimo

Lo que hacían los egipcios con las momias

A las nueve sonó el despertador, pero yo tenía los ojos abiertos desde antes de las siete. Me levanté de la cama con los huesos machacados por el cansancio. Era como si en vez de descansar hubiera pasado la noche acarreando sacos de piedras.

Me duché con agua fría. Hubiera deseado ordenar las ideas, pero el cerebro se me había bloqueado de tal manera que no había forma de pensar con claridad. Me vestí con vaqueros y zapatillas deportivas. Desayuné de pie en la cocina, mientras mi madre me contaba que estaba pensando en empezar a escribir una novela. Le di un beso y salí corriendo, dejándola con la palabra en la boca.

Alicia llegó puntual. En bicicleta, con pantalones cortos, gorra y una camisola naranja donde estaba escrita la leyenda «NO A LA GUERRA».

–El cortijo de Las Beatas está un poco lejos. Andando tardaremos mucho. ¿Llevas gorra?

–¿Qué?

–Ya lo suponía. Ni bici ni gorra. Un desastre. Toma –dijo alargándome otra gorra como la suya, que sacó del bolsillo trasero del pantalón.

¡No había caído en los detalles! Menos mal que todo el mundo en Gélver tenía una bicicleta. Decidimos pasar por casa de Gaspar. Nos abrió la puerta Raquel y nos dijo que su hermano había salido a dar una vuelta con la bici pero que podíamos coger la suya.

–Es de color rosa –dijo Raquel bromeando–. No creo que eso te importe mucho.

Salimos del pueblo a las diez y media. Tomamos un camino de tierra y nos internamos entre unos cerros pardos poblados de matas de esparto. A pesar de lo temprano de la hora, el sol caía como plomo derretido y enseguida comenzamos a sudar como condenados. Por fortuna, nuestro destino no se hallaba muy lejos. A la media hora más o menos, detrás de una curva del camino vimos la cortijada, un edificio blanco con una casa, dos enormes pinos piñoneros, un almacén y unos corrales. Entre los pinos había un pozo, y junto a él, pegado a la pared, un horno antiguo.

Salió a recibirnos media docena de perros, de diferentes razas, colores y tamaños, y tras ellos, dando gritos, una mujer de negro.

–¿Está el señor Bernardino? –preguntó Alicia.

La mujer nos miró de hito en hito. Los perros habían callado pero permanecían desafiantes y al acecho.

–Está en el taller. ¿Qué queréis?

–Hablar con él un momento, si no molestamos –dije yo–. Es que estamos haciendo un trabajo sobre la caza.

Lo había dicho sin acercarme demasiado, porque no acababa de fiarme de los perros. La mujer encerró a los animales en un corral en medio de un estruendo ensordecedor de gritos, ladridos y amenazas.

–¿No podría darnos un poco de agua, por favor? –preguntó Alicia cuando regresó la mujer.

–Son perros de caza, pero no hacen nada. Venid y os daré un vaso de agua fresquita.

El trago nos devolvió la vida. Luego nos sentamos junto al pozo, en un pequeño poyo que había bajo los pinos, y esperamos a que la mujer avisara a su marido. Alrededor de la cortijada, todo era un paisaje de fuego. El sol quemaba la tierra sin misericordia y los montes exhalaban un vapor denso, como una humareda de calor, hacia el cielo. Ni siquiera los pájaros se atrevían a cruzar el aire.

Un hombre enjuto y moreno salió del almacén con la mujer. Llevaba un sombrero de paja y caminaba con ligereza. Al llegar junto a nosotros, se quitó el sombrero y nos saludó con un gesto muy risueño.

–¡Hola, buenos días! Me ha dicho Rafaela, que queríais hablar conmigo.

–Buenos días, señor. Yo me llamo Daniel y ella es Alicia. Estamos realizando un reportaje y querríamos hacerle una pequeña entrevista sobre la caza, si no le importa.

–Claro que no –sonrió Bernardino–, pero vamos dentro de la casa; aquí hace mucho calor.

La vivienda era pequeña y estaba decorada con humildad. Nos sentamos en unas sillas de anea y volvimos a tomar unos vasos de agua. El paseo en bicicleta nos había dejado exhaustos. La mujer puso sobre la mesa un plato con queso, unas aceitunas y unos trozos de pan, y nos explicó que todos aquellos alimentos los elaboraba ella misma, sin conservantes ni colorantes. Como se había hecho toda la vida.

Bernardino nos miraba con expresión afable mientras probábamos el queso y las aceitunas y recuperábamos el pulso. Una rápida observación a la casa me permitió descubrir en las paredes elementos propios de la afición cinegética de aquel hombre: un zorro y una perdiz disecados presidían la estancia desde la cómoda, un enorme cuadro con motivos de montería ocupaba una de las paredes, mientras la otra estaba decorada con dos enormes cabezas de jabalí. Había un aparador a mi derecha, un mueble de armas sobre el que reposaba una ardilla gris. Nuestro anfitrión lo abrió y nos mostró con orgullo su colección completa.

–¿Queréis que saque unas morcillas? –preguntó Rafaela.

Alicia y yo negamos con amabilidad, pretextando que no teníamos hambre.

No sabía por dónde comenzar, así que, a falta de otras soluciones, decidí emplear el viejo truco de la zorra con el cuervo en la famosa fábula.

–¿Todos estos animales los ha cazado usted?

–¡Claro! –se jactó él–. ¡Y muchos más! ¿A vosotros os gusta la caza?

–Por supuesto –mentí–. Nos parece una actividad muy interesante.

–En el almacén hay muchísimos más –exclamó la mujer.

–Muchísimos más… ¿qué? –quiso saber Alicia.

–¿Qué va a ser? ¡Animales!

Creí que el almacén sería una especie de granja zoológica con multitud de jaulas y pajareras. Fingiendo un grandísimo interés en el asunto pregunté si podíamos echar un vistazo. El matrimonio sonrió halagado y nos condujo hasta el portalón. Una vez allí, Bernardino, como si se dispusiera a penetrar en la secreta cámara de un tesoro misterioso, abrió la puerta y con una gran ceremonia nos invitó a pasar al interior.

–Cada uno tiene sus aficiones –dijo.

Alicia y yo nos habíamos quedado pasmados. ¡Era un taller de taxidermia!

–La tierra da poco dinero y con los animales disecados uno se gana su jornal –aclaró el hombre.

El almacén era un museo de aves, comadrejas, serpientes, liebres, zorros y un sinfín de bichos muertos. La mesa de operaciones me pareció descomunal y estaba atiborrada de herramientas y objetos en desorden. Las paredes habían sido convertidas en estanterías con cajas de pintura, pinceles, maniquíes, esqueletos, botes de materiales químicos, rollos de alambre, piezas de escayola y multitud de instrumentos de difícil clasificación. De unos clavos insertados en la pared pendían mandiles y ropas sucias. En el suelo, junto a una pila de piedra y un grifo antiguo y oxidado, descansaban algunos pares de botas de montaña.

–¡Dios mío! –exclamó Alicia–. ¡Es increíble!

–¿Qué son esas bolas? –señalé una tinaja de cristal–. Parecen canicas.

–Son los ojos –aclaró Bernardino.

Durante más de una hora, el hombre nos estuvo explicando su método de trabajo. Él mismo se encargaba de capturar las piezas, pero esa tarea exigía controlar las costumbres de cada animal y conocer sus formas de vida. Luego, para la taxidermia se hacía necesario realizar un trabajo de auténtico especialista en anatomía y en diversas técnicas de disección, escultura, pintura y preservación, porque cada especie exigía un proceso distinto.

–¿Esto es lo que hacían los egipcios con las momias? –preguntó Alicia aparentemente interesada.

–No –aclaró Bernardino–. Las momias estaban embalsamadas, no disecadas. No es lo mismo.

Ni Alicia ni yo le pedimos que explicara las diferencias. Aguantamos su perorata hasta el final sin dejar de sonreír y mostrar admiración por todo lo que nos iba enseñando. Además de cazador y taxidermista, aquel hombre era un gran conocedor del alma animal y, aunque sonara a paradoja, un verdadero amante de la naturaleza.

Cuando salimos del taller eran más de las doce.

Haciendo comentarios sobre lo visto, volvimos al salón de la vivienda y echamos otro trago de agua. Había llegado el momento de meterle mano al asunto que nos ocupaba.

–Verá usted, señor Bernardino…

–Recontra, muchacho –me atajó enseguida–. Quítame lo de señor.

–Está bien, Bernardino. Lo que nos trae aquí, realmente, es otra cosa…

Bernardino y su mujer nos miraban sin perder su sonrisa amable. Posiblemente pasaran la mayor parte del tiempo solos en el cortijo y aquella visita inesperada suponía para ellos todo un acontecimiento.

–Queremos que nos cuente lo que pasó en la Casa de los Muertos –dije al fin.

La cara risueña del hombre se transformó en una mueca de recelo y sus ojos emitieron destellos de inquietud.

–¿En la Casa de los Muertos?

–Sabemos que usted salió a cazar el 5 de marzo, domingo, muy temprano. Por la razón que fuera, entró en el caserón abandonado que se encuentra al otro lado del faro, en el bosque de los acantilados, y allí descubrió el cuerpo de un hombre muerto. Luego bajó hasta el pueblo para dar parte a la Guardia Civil, y cuando esta se presentó en el lugar, el muerto había desaparecido. Eso es lo que sabemos.

Bernardino se levantó, fue a la cocina y volvió con una garrafita de vino. Le pidió a Rafaela que sacara cuatro vasos y sin preguntarnos nada los llenó hasta la mitad.

–El vino lo hago yo –dijo llevándose el vaso a la boca.

Su mujer lo imitó. Alicia y yo nos miramos fugazmente, tomamos nuestros vasos y probamos el vino. Estaba tan áspero que, al bajar por mi garganta, sentí una quemadura y tosí sin poder evitarlo.

–¿Quién os lo ha contado? –preguntó al cabo Bernardino.

–El teniente Vidal –no quise decir que había sido Violeta, su hija, la que nos había revelado la historia–. Él nos dijo que viniéramos a hablar con usted.

Bernardino frunció el ceño. La mujer fue a decir algo, pero el marido le hizo un gesto para que se callara.

No supe si fue presentimiento, clarividencia o perspicacia, o todo a la vez, pero de repente intuí que Bernardino sabía muchas cosas sobre el asunto que el teniente Vidal se había encargado de mantener en silencio.

También me asaltó otra sospecha: que Bernardino llevaba cuatro meses queriendo contar a alguien todo lo que había vivido aquel extraño día, por lo que decidí inventar algo para soltarle la lengua.

–A mi profesor de Literatura le encantan las historias de misterio, ya sabe, fantasmas, muertos que desaparecen, crímenes sin resolver…

Puse cara de angelito y sonreí como un idiota. Y para granjearme su simpatía, volví a llevarme el vaso de vino a la boca, aguantando el tipo. Durante unos segundos, el silencio se podía cortar con un cuchillo.

–¡Qué rico está! –exclamé mientras reprimía las ganas de vomitar.

–¿Sabe qué? –intervino Alicia, que había advertido mi estrategia–. Me apetece mucho probar sus morcillas. Debe de haber sido el queso el que me ha abierto el apetito. ¡Estaba buenísimo!

Bernardino y la mujer cruzaron una mirada de satisfacción.

–¿También las hace usted? –pregunté, sonriendo como mi padre cuando habla de Verdi o de osteoporosis.

El discurso de Alicia o mi sonrisa –o la providencia, tal vez– debieron de surtir su efecto porque la mujer se levantó y entró a la cocina. Mientras la esperábamos, vi aterrorizado cómo Bernardino volvía a llenar los vasos, esta vez hasta arriba. La mujer salió con una fuente de morcillas y otro plato de aceitunas. Entre unas cosas y otras, sin darme cuenta, comencé a sentir un ligero sopor que me embotaba el cerebro.

–¿Entonces? –pregunté al cabo de un rato en silencio.

Bernardino andaba ya por el tercer vaso de vino. Se limpió la boca con la mano y comenzó su narración.

–Yo salí de casa a las tres de la mañana. Era poco antes de la primavera. Buena época para liebres y conejos, pero sobre todo para rapaces nocturnas: búhos, lechuzas y mochuelos.

Bernardino mordió un trozo de morcilla y se lo tragó casi sin masticar. Luego se sirvió otro vaso de vino, se lo tomó de un golpe y prosiguió su relato.

–Os decía que había salido de casa muy temprano. El bosque de los acantilados está lleno de pájaros nocturnos en esa época del año. Hay muchos árboles y es un sitio alto, de difícil acceso. La gente no va por allí. Los animales lo saben y por eso acuden a ese lugar, a emparejarse y poner sus nidos.

Rafaela se había puesto a zurcir unos calcetines tranquilamente y parecía ajena a nuestra conversación. Alicia y yo habíamos abandonado el vino y ahora bebíamos agua a pequeños sorbos para espantar el sopor.

–Aparqué el coche en un claro que hay a unos dos kilómetros de la casa y seguí andando. Estaría a unos cincuenta pasos cuando me pareció oír unos tiros.

–¿Eran otros cazadores? –inquirió Alicia.

–Eso pensé –dijo el hombre–, pero los disparos, o lo que fueran aquellos ruidos, procedían del mar. Me acerqué a los acantilados y vi unas sombras que venían hacia mí. Entonces me escondí detrás de unos arbustos y me quedé en silencio. No se podía ver nada a más de tres metros porque había luna nueva y todo estaba muy oscuro.

Capítulo decimotercero

Ojos de títere asesinado

BERNARDINO volvió a llenarse el vaso de vino. Era el quinto, si la cuenta no me fallaba. De un golpe vació la mitad. Yo comencé a dudar de la fiabilidad del relato, pues sospechaba que el alcohol podía adulterar sus recuerdos.

–Una de aquellas sombras llegó arrastrándose –continuó–, subió a un vehículo que yo no había visto porque debía de estar escondido entre los árboles, arrancó y se alejó a toda leche. Pasó delante de mí como un huracán. A pesar de la oscuridad, pude ver que era un todoterreno de color claro, blanco o amarillo, tal vez. Creo que era un Nissan.

El hombre se detuvo para tomar aire. Yo pensé que iba a meterse otro lingotazo de aquel vino demoledor, pero me equivoqué. Se sacó un pañuelo del bolsillo y se enjugó el sudor que había comenzado a perlarle la frente, mientras nos miraba con una sonrisa infantil.

–Los otros hombres llegaron unos instantes después. No sé cuántos eran. Quizás tres o cuatro. Yo solo oía gemidos y maldiciones, pero no entendía lo que decían, y me pareció que uno de ellos estaba llorando.

–¿Llorando? –preguntó Alicia, atrapada por el relato.

–Luego se fueron igual que habían venido. Los oí marchar, pero yo permanecí todavía más de una hora sin salir de mi escondrijo, hasta que estuve seguro de que allí no quedaba nadie. Después, poco a poco, comencé a moverme, sigiloso, como cuando acecho a algún animal, en eso soy un especialista, y me fui acercando a la casa. Todavía estaba todo oscuro. Llevaba la escopeta cargada y tenía el dedo puesto en el gatillo por si acaso.

Bernardino volvió a pasarse el pañuelo por la frente. Parecía extenuado.

–Yo creía que no quedaba nadie en la casa, que todos aquellos tipos se habían largado, pero de pronto descubrí un bulto en el suelo junto a la puerta. Estaba inmóvil y me costó un buen rato reconocer el cuerpo de un hombre. Me acerqué con cuidado, con la escopeta preparada para descargarla. Aquel hombre podía estar enfermo o herido, o tal vez fingía. El caso es que tardé bastante en darme cuenta de que aquello que yacía sobre la tierra era un cadáver. Le alumbré la cara con la linterna y vi que era un hombre blanco, de rasgos y estatura normales. Estaba acostado sobre un charco de sangre y tenía una herida grande en la barriga. Lo que más me llamó la atención de él fue su cabeza: estaba completamente calvo.

–¿Qué pasó después? –pregunté.

–Yo no sabía cuánto tiempo había pasado –dijo Bernardino–. Miré mi reloj y vi que eran las cinco. Faltaba más de una hora para que amaneciera. Cuando me cercioré de que aquel infeliz estaba muerto, tomé la única decisión que podía tomar en aquellas circunstancias: desaparecer de allí.

–¡Un momento! –atajé–. ¿Cómo que desaparecer de allí? ¿No fue entonces a dar parte a la Guardia Civil?

Antes de responder, Bernardino me contempló largamente con aquella sonrisa afable que transmitía una paz pueril. Su rostro estaba surcado de arrugas.

–Eso es lo que debería haber hecho, pero no lo hice.

Alicia y yo lo miramos intrigados.

–Tenía tanto miedo que me vine a casa, al cortijo. Me temblaba todo y no fui capaz de decirle nada ni a mi mujer. Nunca antes había sentido nada igual.

El hombre apuró el sexto vaso de vino. Rafaela dejó sobre la mesa las agujas, el hilo y los calcetines, y se llevó la garrafa al interior de la cocina en previsión de males mayores. Sacó otra jarra de agua fresca y retomó su labor.

–¡Ya está bien de vino! –refunfuñó–. ¡Que luego se dicen tonterías!

–¡Qué calor endiablado! –exclamó Bernardino–. ¡Ni con vino ni con agua se pasa esto! ¡Con este fuego no pueden vivir ni las moscas!

–Entonces –traté de rescatar el hilo de la narración–, ¿fue o no fue a dar noticia a la Guardia Civil?

–Sí, claro. Pero cuando se me pasó la impresión, a las nueve de la mañana. Sin decirle nada a mi mujer para no asustarla, cogí el coche y fui al pueblo, pero allí me encontré con otra sorpresa: todo el mundo andaba revolucionado con la desaparición de Ricardo y su hijastro, por lo que tardé más de una hora en localizar al teniente Vidal.

–¿Y qué fue lo que usted le dijo exactamente?

–Yo no quería líos, así que me limité a decirle que había estado cazando por la noche y que me había parecido ver un muerto en el caserón del acantilado.

–¿Solo le dijo eso? –preguntó Alicia.

–¿Y qué iba a decirle? Pues menudo follón había en Gélver con lo de Ricardo y Ángel. Decían que se habían ahogado. Además, ya no estaba seguro de haber visto nada. La noche era oscura, tal vez me dormí y tuve una pesadilla, o tal vez todo fueron figuraciones mías.

–¿Y los disparos que oyó en el mar? –señalé.

–¿Los disparos? Pudieron ser las olas en el acantilado.

–Pero, entonces –pregunté incrédulo–, ¿no le dijo al teniente Vidal nada de lo que nos ha referido a nosotros? ¿Solo le contó que le había parecido ver a un muerto y que ni siquiera estaba seguro de ello?

–Exacto.

–Pero ¿por qué? –quiso saber Alicia.

–¿Por qué? Ya os lo he dicho. Estaba asustado, confundido. Empezaba a sospechar que todo había sido una pesadilla. La oscuridad, el sueño, el cansancio. Además estaba lo de los dos ahogados. Todo el mundo andaba buscándolos. De repente lo mío me pareció una tontería. ¡Un hombre tiene derecho a tener miedo! ¡No sé por qué te has llevado el vino! –gritó con voz irritada a su mujer.

Me levanté y salí al patio. Comencé a pasear como un animal enjaulado, mientras trataba de poner orden en el galimatías aquel. Incapaz de soportar el sol, me senté bajo los pinos. Al instante salieron Alicia y Bernardino.

–Es sencillo de entender –afirmó el hombre, más calmado, sentándose junto a mí–. Además, no sé por qué os preocupa tanto. ¿Qué más da una historia que otra para el asunto de la caza?

Alicia permanecía de pie. Con los ojos semicerrados, a causa de la claridad de la luz que atravesaba el ramaje de los árboles, formuló con absoluta naturalidad la pregunta más lógica.

–¿Y no pensó usted que aquel asunto podía estar relacionado con la desaparición de Ricardo y Ángel?

Bernardino miró a Alicia con cansancio. Daba la impresión de que empezaba a estar aburrido de aquella conversación.

–Lo pensé mucho después, cuando ya habían pasado varios días. Pero ni el teniente Vidal vino a preguntarme nada más, ni a mí se me ocurrió ir a verlo. Creí que el tiempo lo arreglaría todo. El tiempo siempre pone las cosas en su sitio.

–Pues ya ha visto lo que ha hecho el tiempo –exclamé irritado–. Han transcurrido cuatro meses y todavía no han aparecido ni los dos ahogados ni el muerto del caserón. El teniente Vidal nunca encontró ningún cadáver.

–Por eso mismo –insistió con voz hastiada Bernardino–. Seguramente lo soñé. Seguramente todo fueron imaginaciones. Si el muerto hubiera sido real, la Guardia Civil lo habría encontrado.

–¿A qué hora más o menos se lo contó usted al teniente? –preguntó Alicia.

Bernardino hizo cuentas mentales mientras se enjugaba el sudor de la cara por enésima vez. El pañuelo estaba completamente empapado.

–A eso de las diez o diez y media.

Yo también empezaba a sentirme fatigado. Eran las dos menos cuarto y todavía nos quedaba una media hora para llegar al pueblo. Un paisaje calcinado por la sequedad nos envolvía. Sentí un escalofrío solo de pensar en el trayecto de regreso por aquellos senderos de polvo y piedras negras donde nunca caía una gota de agua y donde las plantas morían abrasadas antes de nacer.

La conversación con Bernardino había llegado al final y nada nos retenía ya en el cortijo de Las Beatas. Bebimos un buen trago de agua para tomar energía antes de ponernos en camino.

–Por cierto, Bernardino –pregunté cuando ya habíamos montado en las bicicletas–, ¿dice usted que el teniente Vidal no volvió a preguntarle sobre el tema?

El hombre se había colocado el sombrero de paja. Hizo como que intentaba recordar algo y finalmente levantó los hombros.

–Creo que no.

Rafaela se acercó hasta nosotros con un pequeño obsequio envuelto en papel de aluminio y metido dentro de una bolsa de plástico. Se lo entregó a Alicia con una tierna sonrisa.

–Son unas morcillas –aclaró–. Cuando se os acaben volved a por más.

Antes de doblar la colina y perder de vista el cortijo, echamos una última ojeada. Bernardino y Rafaela todavía permanecían de pie, con los brazos levantados.

Ni Alicia ni yo comentamos nada en todo el viaje de regreso. Bastante teníamos con pedalear y evitar la asfixia. El aire parecía salir de un horno gigantesco que abrasaba los labios, la lengua, la garganta y todo el aparato respiratorio.

Cuando llegamos al pueblo nos encontrábamos literalmente exhaustos. Nos despedimos y quedamos en vernos a las seis en la plaza.

Antes de irme a casa, fui a devolver la bicicleta. Me abrió la puerta Gaspar y, al verme tan colorado y con la bici de Raquel, soltó una risotada.

–¡Eh, tío! ¡No sabía que fueras un camaleón!

–¿Qué dices? –le pregunté sin voz.

–¡Tienes la cara del mismo color que la bici de mi hermana!

–Vale. Muy gracioso –le dije–. ¿Te importa si me río después? ¡Ahora no tengo fuerzas ni para mover la lengua!

–Esta noche vamos de acampada. Llevamos tiendas. ¿Te apuntas?

–¿A dónde vais?

–Es un secreto.

–Bueno, lo intentaré. ¿A qué hora?

–A las nueve en el parque.

Llegué a casa justo cuando estaban poniendo el mantel. Me di una ducha rápida y me senté con la familia. Mi hermana nos amenizó la comida con una prolija descripción de la actividad cultural que había realizado esa mañana. Sus amigas y ella habían visitado la biblioteca del pueblo. Mi madre no paró de hacerle preguntas y observaciones que Irene se complacía en responder con todo lujo de detalles. A menudo me pregunto si mi hermana es un prodigio de memoria fotográfica o de invención y desfachatez. Mi padre reía, feliz como un chiquillo, y de vez en cuando exclamaba que el azar había sido generoso con nosotros al habernos concedido la posibilidad de conocer Gélver. Yo agonizaba en silencio.

La siesta era inevitable. Me tumbé en la cama con un simple calzoncillo. Aunque dejé abiertas la ventana y la puerta para que corriera algo de aire, resultaba imposible dormir con aquel calor. Comencé a sudar y a dar vueltas sobre el colchón, mientras los pensamientos se me disparaban en mil direcciones, como flechas enloquecidas, y se perdían en un horizonte brumoso.

Súbitamente me deslumbró una luz, una luz que se posaba en los objetos y les confería un brillo iridiscente. Me levanté, atraído por aquel extraño fulgor, y comprobé que mi cuerpo no pesaba nada; parecía flotar en un aire tibio. Me rodeaba un abismo de claridad y todo mi ser estaba traspasado por aquella luz.

Fue entonces cuando descubrí que en el núcleo de aquella espiral luminosa brillaba algo. Me acerqué hipnotizado por la belleza del resplandor. El objeto venía lentamente hacia mí, pero yo no sentía miedo, sino fascinación. Primero me pareció un muñeco. Lo reconocí. Ángel Rosé. Era su cuerpo el que desprendía, igual que un astro, aquella luz tan intensa. Cuando estuvo junto a mí me sonrió y me dijo algo que no entendí: *Frau Rotschlange.* Se me acercó hasta casi rozar mi rostro. Solo entonces pude ver sus ojos, vacíos, como huecos terribles, ojos de títere asesinado, y dentro de sus cuencas volví a contemplar formas marinas moviéndose. Su boca seguía acercándoseme. Ángel movía los labios y hablaba sin voz. *Frau Rotschlange.* De pronto la luz se apagó y me envolvió la más completa oscuridad. Me desperté sobresaltado.

Miré mi reloj. ¡Las seis y media! ¡Alicia estaría desesperada! Me levanté de un salto y me vestí en diez segundos. Al llegar a la plaza eran ya las siete menos cuarto y Alicia no estaba. Palpé mis bolsillos, buscando el móvil, y descubrí con fastidio que lo había olvidado en casa.

Capítulo decimocuarto

Tu mujer y tu hijo no te olvidan

Me quedé desconcertado durante un buen rato, preguntándome si se habría cansado de esperarme o si no habría llegado todavía.

Compré una bolsa de pipas y me senté en la fuente. Mientras contemplaba indiferente el ir y venir de la gente, traté de ordenar mis ideas.

Las revelaciones de Bernardino, el cazador, habían aumentado mi zozobra porque suponían un giro de ciento ochenta grados en el desarrollo de los acontecimientos. Ahora me asaltaban nuevas preguntas que exigían nuevas respuestas.

De repente recordé el extraño sueño de la siesta, la intensa luz y aquellas palabras incomprensibles que me había susurrado Ángel, aquellas palabras que… ¡Dios mío! ¡No las recordaba! ¡Con las prisas se me había olvidado apuntarlas! Lo único que recordaba era que sonaban a un idioma extranjero. ¿Qué demonios me había dicho Ángel?

El reloj del campanario marcó las siete. Me levanté y comencé a caminar sin saber a dónde. Todas las personas con las que me cruzaba me parecían sombras de un mismo melodrama.

Inesperadamente, alguien se paró frente a mí. Levanté los ojos y vi a Teresa. Sus ojos brillaban más verdes que nunca. A su espalda el mar se extendía como una alfombra azul.

–¡Daniel! –exclamó sonriente–. ¡Qué sorpresa!

–¡Hola! –intenté devolverle la sonrisa, aunque creo que no lo conseguí.

–¿Dónde te metes? Hace días que no te veo.

–He estado enfermo, con fiebre.

Teresa me miraba fijamente a los ojos y yo sentí que intentaba adivinar mis pensamientos. Por un momento tuve la impresión de que se estaba colando en el disco duro de mi cerebro y empezaba a curiosear por todos mis archivos.

–¿Sabes? –dijo–. He estado pensando en ti.

–¿Bueno o malo?

Ella sonrió. Vestía una blusa azul de tirantes y una faldita negra corta, y tenía la piel bronceadísima. La verdad era que Teresa quitaba el hipo.

–¿Vas a venir esta noche a la acampada? –preguntó.

Aún no lo había pensado. Y, además, no sabía nada de Alicia.

–No lo sé –dije.

–Si vienes, te lo contaré –susurró pícaramente.

En ese momento, Teresa dirigió los ojos a algún punto detrás de mí.

–Me tengo que ir. Ahí está mi padre, que viene a recogerme. ¡Ven esta noche!

Me di la vuelta para despedirla pero las palabras se quedaron ahogadas en mi garganta. A unos veinticinco metros, junto al paseo marítimo, su padre la esperaba en la calzada con el motor en marcha y el intermitente puesto. Me quedé como una estatua durante varios minutos, en mitad del paseo, siguiendo con los ojos el Nissan Patrol que se alejaba. Un espléndido todoterreno completamente blanco.

Las palabras de Bernardino resonaban en mi cerebro y aumentaban mi ansiedad. Ese vehículo que acababa de llevarse a Teresa no podía ser otro que el descrito por el cazador en su fragmentaria y confusa narración.

Justo entonces vi pasar a la muchacha de las gafas que había conocido la tarde de la Cueva del Moro. Se acercó sonriéndome.

–Hola. ¿Te acuerdas de mí? –me dijo.

–Claro, pero espero que no te enfades conmigo porque tengo una memoria fatal y no recuerdo tu nombre –me excusé.

–No importa. Me llamo Marina. ¿Qué haces aquí?

Le expliqué lo que me había sucedido con Alicia. Ella se echó a reír y me dijo que la acompañara, que Alicia vivía a dos pasos de allí.

Estábamos bordeando las afueras del pueblo por la parte sur. Al doblar una esquina, mis ojos avistaron el cementerio, al pie de un pequeño montículo. Un par de eucaliptos custodiaban la entrada. Por encima de las tapias se erguían las copas de cuatro cipreses.

–¿Qué miras? –me preguntó intrigada Marina.

Le señalé con los ojos.

–¿El cementerio?

Hice un gesto afirmativo antes de responderle.

–Siempre me han gustado –confesé–. Estos lugares me parecen sitios de paz y silencio.

–Los cementerios son lugares llenos de muertos –puntualizó Marina–. Nada más.

Hubiera sido inútil iniciar una conversación filosófica con ella. Le pregunté dónde vivía Alicia y apuntó a una casa con la mano.

–Primero voy a echar un vistazo al cementerio –dije–. Luego iré a buscarla.

En realidad, no sabía muy bien qué era lo que esperaba encontrar en aquel sitio. Quizás fuera la curiosidad la que guiaba mis pasos. O el instinto de soledad que a menudo me llevaba a lugares inverosímiles. O tal vez la simple atracción que ejercen sobre mí los paisajes silenciosos.

Siempre he creído que no se necesitan motivos especiales para entrar en un cementerio y darse un buen paseo por sus callejuelas llenas de nichos. Cualquier conflicto de los hombres resulta desde esta perspectiva una verdadera estupidez.

La puerta estaba abierta. En el centro del cementerio se levantaba un pequeño túmulo de piedra flanqueado por los cuatro cipreses cuyas copas había contemplado desde el exterior. El suelo del recinto lo poblaba un enjambre de tumbas, lápidas, cruces y rosales con flores de diferentes colores.

Mis ojos se posaron en una figura femenina, vestida de negro y parada frente a un nicho, que estaba bastante lejos y de espaldas a mí. De repente se dio la vuelta y a pesar de la distancia la reconocí.

Palmira acababa de poner unas rosas rojas en una lápida y se había quedado inmóvil frente al nicho. No me vio hasta que me situé junto a ella y mi sombra se proyectó sobre las piedras.

Giró la cabeza y me miró en silencio. Tenía los ojos rojos. Traté de decir algo pero solo fui capaz de esbozar una tímida sonrisa.

La lápida era gris. Tenía una foto ovalada de un hombre que yo no había visto nunca y que, sin embargo, hubiera reconocido de inmediato, sin necesidad de leer su nombre en aquella inscripción triste. Pau Rosé Mercader, muerto a la edad de 34 años. Tu mujer y tu hijo no te olvidan.

Permanecí a su lado durante un par de minutos en un reverente silencio con los ojos fijos en la sonrisa del muerto. Una sonrisa y un rostro atrapados en el espacio sin tiempo de las fotografías.

Palmira me tomó del brazo y en silencio me invitó a salir del camposanto. Dejamos atrás el recinto y los eucaliptos y nos dirigimos al pueblo por el camino de cipreses.

–Hoy hace once años que murió Pau –comentó de pronto.

–Lo siento –musité.

–No, Daniel. Uno no sabe lo que es sentir dolor hasta que lo pierde todo. Cuando murió Pau todavía tenía un motivo para seguir viviendo: mi hijo. El hijo que era también suyo. Pero cuando pasó lo de Ángel y Ricardo…

Hizo una pequeña pausa para limpiarse las lágrimas.

–A veces pienso que vivo en una pesadilla –continuó.

Habíamos llegado a los primeros edificios. Miré involuntariamente la casa que me había señalado Marina y vi a alguien en la puerta.

–Es doloroso tener a un ser querido enterrado. Pero lo más terrible, lo verdaderamente insufrible, es no saber si alguien a quien amas está vivo o muerto. En estos casos el tiempo no solo no cura, sino que acrecienta el sufrimiento.

Se echó a llorar y no tuve más remedio que abrazarla. Sentí su perfume y su inmensa soledad junto a mi pecho y pensé involuntariamente en Ángel, en sus ojos transparentes y su gesto abatido. Recordé sus últimas palabras y las pronuncié por él.

–Su hijo la quería mucho –susurré.

Palmira tardó unos instantes en tranquilizarse. Se separó de mí y volvió a limpiarse con el pañuelo. Luego me miró con ojos abatidos.

–¿Sabes? –me dijo–. Ángel y tú hubierais sido muy buenos amigos. Estoy segura.

Sonreí turbado.

–Hay algo especial que tienen algunas personas –prosiguió–. Quizás es la forma de mirar, o de comportarse, o de estar en silencio. ¡Qué sé yo! Él lo tenía. Y tú también. Aunque a veces mi hijo me asustaba, no te creas.

–¿Por qué?

Palmira pareció dudar. Miró hacia el cielo, como si buscara algo que hubiera extraviado entre las nubes, y dejó pasar unos instantes antes de decírmelo.

–Más de una vez me dijo que había estado hablando con su padre.

Las palabras de Palmira me hicieron bajar los ojos de las nubes y posarlos, incrédulos, en su rostro demacrado.

–¿Quiere usted decir que Ángel era capaz de comunicarse con su padre, con Pau Rosé?

Palmira plisó los labios en un gesto que pretendía ser una afirmación y una sonrisa al mismo tiempo.

–¡Pero si Pau llevaba muerto mucho tiempo!

–Las primeras veces no quise hacerle caso –explicó Palmira–. Me pareció que se trataba de sueños o pesadillas típicas de un niño que echa de menos a su padre, pero luego fui convenciéndome poco a poco de que mi hijo tenía un poder sobrenatural.

–¿Un poder? –pregunté con algo de temor.

–Comencé a investigar sobre el asunto. Busqué en enciclopedias y hablé con médicos, incluso visité la consulta de un parapsicólogo. A medida que me metía en ese mundo sentía más y más miedo, sobre todo por él, por mi hijo, así que dejé de darle vueltas y acepté que Ángel poseía aquella misteriosa facultad. Pensé que tal vez el tiempo podría solucionarlo o que quizás él aprendería a convivir con ello.

Una algarabía de aves pasó sobre nosotros. Cientos de pájaros que volaban hacia el este y que durante unos breves segundos tapizaron completamente el cielo.

–¿Cree usted que Ángel era feliz?

Palmira me miró desconcertada.

–¿A qué te refieres?

–Que si era normal. Como cualquier muchacho de su edad. Ya sabe…

–Ángel era muy inteligente. No sé cómo decirte. A veces me parecía que iba por delante de los acontecimientos. Sabía muy bien lo que pensaba cada persona, lo que había detrás de las palabras. Leía las intenciones en los ojos de la gente y no se equivocaba nunca.

Sacó una cajetilla de tabaco y encendió un cigarrillo. Yo permanecí callado mientras ella fumaba sin prisa.

–No hablaba por hablar –dijo expulsando el humo–. Su conversación era siempre profunda. Don Matías, su maestro, decía que era un alumno diferente y que tal vez debería haberlo llevado a algún centro especializado.

–¿Cómo era con los amigos?

De repente, me daba cuenta de que la personalidad de Ángel me estaba cautivando. El temor y la posterior lástima que me había inspirado su extraña presencia se habían transformado en un sincero interés.

–¿Qué quieres que te diga si soy su madre? Ángel era tímido, de trato sencillo y amable. Le gustaba pasar desapercibido, pero nunca lo conseguía.

–¿Por qué?

–Tenía algo en la mirada que cautivaba a la gente –hizo una pequeña pausa para fumar y luego añadió–: Como tú.

Capítulo decimoquinto

Empiezo a ver fantasmas por todas partes

No sé qué le pasó a mi cara, pero debió de ser algo gracioso porque Palmira se echó a reír.

–Por cierto –dijo–, ¿qué hacías en el cementerio?

Aquello no lo había previsto. ¿Qué podía decirle si yo mismo no sabía lo que había ido a buscar entre las tumbas? Opté por dar una versión literaria de mi comportamiento.

–Desde que he estudiado a Bécquer siento una especial tendencia a visitar lugares solitarios y tenebrosos. Supongo que soy un romántico.

Palmira sonrió abiertamente y me miró con una ternura infinita. Su mano blanca y tibia acarició mi rostro y sentí un escalofrío recorriéndome la columna vertebral. Aquella mujer miraba y acariciaba a su hijo.

Estaba a punto de revelarle mis pesadillas cuando, inesperadamente, oímos una voz alegre y cantarina a nuestras espaldas.

–¡Hola!

No necesité darme la vuelta para saber quién era.

–¡Vaya horas de aparecer! –exclamé por todo saludo–. ¿Qué te ha pasado?

–Hola, señora Palmira –dijo Alicia ignorando mi pregunta.

La mujer esbozó un guiño.

–Hola, Alicia. ¡Cómo has crecido! ¡Estás mucho más alta que yo!

Mi reloj marcaba las ocho y cuarto. Todavía no había decidido qué iba a hacer respecto a la acampada de la pandilla. Quería consultarlo con Alicia. Nos despedimos de Palmira y yo le prometí que iría a tomar un té al día siguiente. La vimos alejarse y nos quedamos como dos pánfilos hasta que su figura se perdió de vista. Solo entonces Alicia y yo nos miramos.

–Bueno, ¿qué? –pregunté.

–¿Qué de qué? –replicó ella.

–¿No habíamos quedado a las seis?

–Eso mismo es lo que yo pensaba preguntarte –me espetó.

–¿Qué quieres decir?

–Quiero decir que estuve esperándote más de cuarenta minutos. Desde las seis menos cinco hasta las siete menos veinte –me enseñó su reloj–. Es un Casio bastante económico, pero te aseguro que va de maravilla. Y, además, si miras tu móvil verás que tienes unas cuantas llamadas perdidas.

Me sentí avergonzado.

–Lo siento.

Era la segunda vez que repetía la misma expresión en menos de una hora.

–Me dormí –expliqué azorado–. Estaba hecho polvo. Cuando me desperté eran ya las seis y media. No suele ocurrirme nunca, pero no sé qué me pasa de un tiempo a esta parte. Es que duermo mal por las noches y luego…

–¡Esta bien! –me cortó–. Acepto tus disculpas.

–¿Y qué has hecho? –quise saber.

–He estado reflexionando.

Esa era Alicia.

–¿Y se puede saber sobre qué?

–Sobre ti.

Estupendo. Últimamente no hacía más que crecer el club de mis admiradoras. Sospeché que se estaba avecinando alguna tormenta.

–¿Sobre mí? Pues habrá sido una reflexión breve, supongo. Vamos, suéltalo ya.

–Lo soltaré –dijo con un brío desconocido–. Quiero que me cuentes de pe a pa qué es lo que pasa con Ángel y la historia de la Casa de los Muertos. Si tengo que meterme en algún berenjenal será mejor que sepa por dónde van a venir los tiros.

No tenía más remedio que sincerarme con Alicia. Al fin y al cabo era lo que estaba necesitando. El peso de aquella carga amenazaba con asfixiarme si no la compartía con alguien como ella.

–Está bien –dije–. Pero la sinceridad ha de ser recíproca.

–Explícate.

–Que tú también tienes que contármelo todo.

Se lo dije mirándola fijamente a los ojos, pero ella aguantó mi mirada sin pestañear. Le tendí la mano y Alicia me la estrechó con firmeza.

–¿Vamos a ir a la acampada? –pregunté.

–Lo que tú quieras –me dijo.

–Prefiero estar contigo –le susurré.

–Y yo también –musitó Alicia.

–¿También quieres estar contigo? –bromeé.

–Entonces, ¿qué hacemos? –insistió ella sin hacer caso de mi ocurrencia.

–Podemos ir a la Playa del Sapo. A bañarnos.

–¿De noche?

–¿Qué pasa? Hay luna llena.

–Vale –dijo Alicia al fin.

Fuimos al espigón para ver el atardecer. Nos sentamos en las últimas rocas y contemplamos el mar. La luz del crepúsculo se disolvía ante nuestros ojos como un lienzo en llamas.

Le conté todo lo que me había sucedido con Ángel desde el momento en que pisé el pueblo, sin omitir ningún detalle, y al acabar aventuré algunas hipótesis.

–Ángel y Ricardo fueron asesinados. El móvil de este asunto debe de estar relacionado con el tráfico de algo, seguramente droga. Y de una cosa estoy seguro: Basilio Torres está metido hasta los ojos. Y a lo mejor alguien más.

–¿Por ejemplo? –preguntó Alicia.

–Por ejemplo, el teniente Vidal. Pero no me hagas mucho caso. Empiezo a ver fantasmas por todas partes.

–¿Qué has dicho de una luz verde y roja? –preguntó Alicia.

–Últimamente duermo fatal. No tengo más que pesadillas y me despierto a cualquier hora de la noche. Ya no sé si he visto realmente esas luces o lo he soñado también.

–¿Dices que vienen de la parte del faro?

–Están en el faro, seguro –afirmé.

–¡Pero si el faro ya hace años que no funciona! –comentó extrañada Alicia.

Las luces del pueblo se habían ido encendiendo mientras se extinguía la tarde. En el cielo brillaban lejanísimas estrellas y la luna pendía sobre el mar.

–Pues yo estoy seguro. Alguien enciende una luz verde y roja.

–Debe de ser una señal –rumió Alicia–. Una consigna. Verde y roja. ¿Te das cuenta? ¡Como los semáforos!

Recordé que los destellos se habían producido en ambas ocasiones sobre las dos de la madrugada. Parecía evidente que se trataba de un código. Verde, pasar; rojo, no pasar.

–¿Qué hacemos ahora? –preguntó Alicia.

–¿Ahora? –me levanté–. Vamos a cenar. A las once nos vemos en la plaza. Procura traer unas buenas zapatillas, por si hay que correr, y una linterna.

–No te entiendo –dijo Alicia desconcertada mientras se levantaba.

–Es muy fácil –expliqué–. Esta noche iremos al faro a echar un vistazo.

–¡Estás loco! –exclamó.

–No me lo repitas más veces, que voy a terminar por creérmelo.

El verano es la estación que más me gusta desde siempre, por una simple razón: las noches son infinitas y uno no necesita andar dando explicaciones horarias. Sobre todo si las vacaciones familiares tienen lugar en un pueblo donde escasean los peligros.

Aquella noche teníamos cena especial porque mis padres habían invitado a don Matías. Mi padre y el maestro combinaban la música, la traumatología, el ajedrez y la política en una conversación fluida y salpicada de observaciones sensatas de mi madre y agudezas descabelladas de mi hermana. Solo al final, cuando mi madre sirvió el café y miré el reloj, me di cuenta de que no había intervenido para nada en la conversación.

–Tengo que irme –dije levantándome bruscamente.

–¿A dónde vas tan rápido? –preguntó alarmado mi padre.

–He quedado con mis amigos.

–No has dicho nada en toda la cena –observó mi madre.

–La adolescencia es un mundo misterioso –sentenció don Matías–. Pero no se preocupen. Créanme. No hay problema de la juventud que no se resuelva con la edad.

Mi padre sonrió y mi madre me recordó que cogiera la llave por si venía tarde.

–Daniel está enamorado –vociferó Irene antes de que yo saliera.

–¿Se puede saber qué mosca te ha picado? –le espeté irritado–. ¿A qué viene esa tontería?

–El que se pica ajos come –aseguró en un tono doctoral, el que más me encrespaba.

Mis padres nos miraban divertidos.

–Vendré tarde –dije a modo de despedida–. Esta noche los de la pandilla han preparado no sé qué.

Antes de cerrar la puerta, todavía vi cómo mi hermana me sacaba la lengua, pero esta vez no le hice el menor caso. No tenía ganas de reírle las gracias. Cogí la linterna que había dejado camuflada detrás de unos arbustos y salí disparado hacia la plaza. Pasaban unos minutos de las once.

Alicia me estaba esperando. Llevaba unos vaqueros cortos, zapatillas deportivas y una blusa azul. En la espalda, su diminuta mochila verde.

–Te has retrasado cinco minutos –me dijo a modo de saludo.

–Te invitaré a un helado para que me perdones. ¿De qué lo quieres?

–De fresa y nata.

Compré un par de cucuruchos.

–¿Qué llevas en la mochila? –pregunté mientras echábamos a andar.

–Una toalla.

–¿Una toalla?

–¿No habíamos dicho que íbamos a bañarnos?

Me quedé con cara de lelo.

–Sí, pero con el asunto del faro pensé que…

–Ambas actividades no son excluyentes –filosofó–. ¿O es que te has rajado?

La Playa del Sapo era de guijarros negros. El agua llegaba hasta allí completamente mansa porque el espigón la protegía del oleaje. La luz lunar lo iluminaba todo con un resplandor fantasmagórico y la superficie del mar parecía una sábana metálica. De pronto, Alicia se quitó los vaqueros y la camiseta. Llevaba un biquini blanco, pero no dispuse de mucho tiempo para admirarla porque me dio un empujón y me tiró al suelo mientras se reía de mí y se metía en el agua. Me quité la ropa y me zambullí con ella.

Estuvimos más de quince minutos en el agua. Luego, nos echamos sobre los guijarros de cara al cielo y permanecimos en silencio sintiendo que las estrellas alumbraban solo para nosotros.

No sé cuánto tiempo permanecimos tumbados. Quizás una eternidad. Quizás un minuto. Me encontraba en un estado de maravillosa felicidad cuando la mano de Alicia buscó la mía y me devolvió al presente.

–Daniel, yo también creo que debo decirte algo.

Alicia se había colocado de perfil y me miraba a los ojos, a menos de un palmo.

–¿Te acuerdas de que te dije un día que esto era una historia muy turbia?

Afirmé sin palabras.

–Pues, verás, hace unos tres o cuatro meses hubo una noticia que me impresionó bastante. Lo dijeron en la tele y mis padres lo comentaron mucho. En un lugar bastante cercano de aquí unos perros desenterraron un cadáver. Parece que la fecha de su muerte coincide con la desaparición de Ricardo y Ángel.

–¿Dónde fue eso?

–En un sitio que se llama El Herreral.

Me incorporé y me quedé mirando a Alicia fijamente.

–¿Es eso verdad?

Ahora fue ella la que afirmó en silencio.

–¿Y por qué no me lo habías dicho antes? –pregunté.

Volvió a tumbarse de cara al cielo. La piel oscura y húmeda le temblaba bajo la caricia de la brisa.

–No sabía todo lo que hoy me has contado y también ignoraba hasta qué punto te interesaba esta historia.

–¿Quién era el muerto?

–No lo sé. Me resultó impactante lo de los perros, pero luego no seguí la noticia.

Nos quedamos en silencio unos instantes, escuchando el rumor del mar y gozando de nuestra soledad. Miré mi reloj: las doce y veinte.

–Tenemos que irnos –dije levantándome.

Nos vestimos y guardamos la toalla en la mochila.

–Es un poco pronto todavía –comenté–. Podemos pasar por tu casa y dejar la mochila; así iremos más ligeros.

Alicia sonrió.

–¿Lo dices por si tenemos que echar a correr?

–Uno no sabe nunca lo que le depara el destino.

Capítulo decimosexto

Una aguja en un pajar

El faro se halla situado sobre el acantilado en cuya base se abre la gruta conocida como la Cueva del Moro. Desde el pueblo hasta allí, hay unos tres kilómetros, una media hora más o menos. Al otro lado existen dos o tres calas de difícil acceso por tierra y un poco más allá, sobre un montículo escarpado a unos doscientos metros del mar, completamente rodeada de árboles, se alza la Casa de los Muertos. Desde el faro hasta allí, por el interior, hay casi otra media hora a través de un bosque de eucaliptos y algunas zonas de breñales y asperezas.

Alicia y yo caminábamos a oscuras y en silencio. La luz de la luna no era abundante, pero sí suficiente para no tropezar con una piedra ni despeñarnos por un barranco.

Lo que quedaba del faro era un pequeño torreón de tres plantas en ruinas. El edificio se levantaba como un gigante espectral al borde del acantilado. A sus pies el oleaje se deshacía contra las rocas en mil esquirlas de espuma.

–¿Has entrado alguna vez? –pregunté en voz baja.

–Hace años.

Empujamos la puerta, y penetramos en aquel agujero oscuro. Nos invadió tal bocanada de podredumbre que sentí arcadas.

–¿Qué demonios es esto? –pregunté aguantando las ganas de vomitar.

Encendí la linterna y descubrimos que nos encontrábamos en un basurero.

–¡Qué guarra es la gente! –exclamó Alicia.

Con los haces de luz recorrimos aquel inesperado vertedero. Aunque no nos lo decíamos, temíamos tropezarnos con algo desagradable, un perro muerto o algo aún peor. En un rincón había restos de una fogata.

–Vamos arriba –susurré.

Alicia no se separaba de mi lado, me tenía cogido de la mano y podía sentir sus dedos aferrados como garfios. De repente, lanzó un grito agudo que debió de oírse en Gélver. Soltó la linterna, que cayó al suelo, y se me abrazó como una serpiente.

–¡Algo se mueve a mis pies! –exclamó.

Pensé que el corazón se me iba a salir por la boca. Aguanté el pánico como pude y alumbré el suelo. Vimos una rata del tamaño de un conejo, que se escabullía entre los desperdicios.

–Por favor, Daniel, vámonos de aquí.

–Ahora no podemos irnos. No es más que una rata. Subamos.

Su linterna se había roto y ahora debíamos arreglarnos solo con la mía. La escalera era tan estrecha y empinada que no nos permitía subir a los dos al mismo tiempo. Alicia estaba temblando.

–Yo te espero fuera –me dijo–. Prefiero la luz de la luna.

Le alumbré el camino para que saliera al espacio libre sin tropezar y seguí mi ascenso. La lobreguez era absoluta y los escalones cada vez más pequeños. Pensé que si me encontraba con alguna desagradable sorpresa no sabría qué hacer.

Recorrí con la linterna la primera planta, una cámara circular bastante diminuta y con el techo tan bajo que había que agacharse un poco para no darse cabezazos. Dos ventanas ovaladas dejaban entrar algo de luz. Seguí subiendo por la escalera y llegué a la planta superior, el lugar donde debía de haber operado el farero en otro tiempo. Era mucho más amplia que la anterior. Tenía cuatro ventanales sin hierros ni cristales y en el centro de la sala el armazón desnudo y deshuesado de lo que debió de ser la estructura principal. Fue entonces cuando escuché la voz apagada de Alicia.

Me asomé a una pequeña ventana y la vi, al pie de la torre, como una niña asustada. Casi en susurros, y acompañándose de gestos con las manos, me pedía que apagara la linterna y que bajara rápidamente.

Así lo hice, aun a riesgo de matarme al descender por aquella angosta escalera sin barandilla. En la planta baja aguanté la respiración para no morir envenenado por el hedor y, antes de salir, aún tuve tiempo de percibir que algo se movía entre la basura, una rata o una serpiente, pero no tuve ganas de averiguar qué era.

Alicia se me echó encima nada más verme, me puso la mano en la boca y me señaló hacia el bosque donde sabíamos que se encontraba la Casa de los Muertos.

–Me ha parecido oír algo allá –murmuró en mi oído.

–¿No puedes ser más explícita? –pedí en el mismo tono.

–Creo que un coche.

–¿Estás segura?

El sonido del mar en aquel sitio era considerable. En medio de aquel fragor del agua astillándose contra los acantilados era difícil distinguir un ruido a más de quince metros.

–Es que me ha parecido también ver una luz.

Volvimos a mirar, pero no descubrimos ninguna señal que nos permitiera sospechar la presencia de alguien al otro lado de las calas. La escasa luz de la luna rebotaba sobre las copas de los árboles, por lo que nos resultaba completamente imposible siquiera adivinar lo que estaba pasando en las inmediaciones de la Casa de los Muertos.

Mi reloj marcaba la una y media. Calculé que nos costaría una media hora llegar hasta allí.

–Vamos –dije.

–¿A dónde? –preguntó aterrada.

–¿A dónde va a ser? ¡Allí!

Alicia quería decirme algo, pero de su boca no salía ni una palabra.

–Si vas a decirme otra vez que estoy loco, puedes ahorrarte la molestia.

–Daniel –suplicó–. Puede ser peligroso.

Le acaricié el rostro con ternura.

–Si prefieres esperarme aquí lo entenderé. Yo no soy ningún héroe y tampoco puedo pedirte que lo seas tú.

Le solté la mano y comencé a caminar a oscuras.

–¡Espera! –me dijo cuando aún no había andado ni cinco pasos.

En dos zancadas se plantó junto a mí.

–Voy contigo, Daniel –musitó–. No quiero dejarte solo aquí.

El camino hasta el bosque, bajo la poca luz que nos llegaba desde lo alto, resultaba más lento de lo esperado. Sobre todo porque andábamos con los cinco sentidos alerta, procurando no tropezar con ramas, arbustos o piedras, y también porque al mismo tiempo intentábamos captar cualquier sonido a nuestro alrededor. De vez en cuando se oía el cricrí de los grillos y el canto lúgubre de algún ave nocturna.

Calculé que debíamos de encontrarnos a quinientos metros de la Casa de los Muertos cuando, oculto entre el follaje, me pareció ver algo que brillaba reflejado por la luna, un objeto metálico o un cristal. Le hice señas a Alicia para que mirara en la misma dirección. Nos acercamos con cautela unos pocos metros hasta que descubrimos de qué se trataba.

¡Un vehículo con las luces apagadas!

Nos aproximamos lentamente. Más allá del vehículo, entre el ramaje de los árboles, podíamos entrever la silueta fantasmal de la Casa de los Muertos, pálidamente iluminada por los astros. A aquella distancia no podíamos reconocer siquiera la marca del coche y tampoco distinguir si había gente dentro o por los alrededores.

Unas nubes ocultaron la luna en ese preciso momento y la escasa claridad dio paso a una densa espesura de sombras. Debíamos intentarlo entonces, antes de que las nubes desaparecieran y la luz volviera a alumbrar.

Le hice una seña a Alicia para que me esperara y me escurrí entre los matorrales hasta colocarme a un metro del vehículo. El silencio que me rodeaba solo era roto por el canto de alguna rapaz y por el estruendo del mar. Me costaba un gran esfuerzo distinguir algo. Cuando comprobé que no había rastro humano, me acerqué hasta tocar con mis manos la chapa. Era un Land Rover Discovery AL-4384-S. Memoricé la matrícula y regresé junto a Alicia. Las nubes, como si hubieran estado aguardando el fin de mi pequeña escaramuza, dejaron la luna al descubierto y una claridad fantasmal volvió a iluminar el paisaje. A unos cuarenta metros se erguía la Casa de los Muertos. Nos dirigimos hasta el mar porque no podíamos irnos de allí sin echar un vistazo a la cala.

De pronto, en la pendiente de la playa vimos una luz que se encendía y apagaba nerviosamente. Cinco guiños. Resultaba imposible distinguir al responsable de aquel centelleo desde nuestra posición.

Alicia me señaló hacia el mar y entre las sombras de la noche vimos acercarse un bulto que se movía en la oscuridad.

Abrimos los ojos al máximo. Durante unos instantes que nos parecieron eternos estuvimos tratando de distinguir algo en medio de aquella negrura impenetrable. Le insistí a Alicia para que nos acercáramos un poco más y ella me dijo que no con la cabeza, pero yo estaba dispuesto a todo y sabía que el ruido del oleaje contra las rocas impediría que nos oyeran.

Arrastrándonos literalmente sobre las piedras, avanzamos unos diez o doce metros, hasta que nuestros ojos captaron lo que parecía una lancha motora, una zódiac o algo así. Varios bultos se movían con precisión arrastrando bolsas o paquetes, pero no podíamos precisar ni lo que hacían realmente ni cuántos eran. Tal vez tres o cuatro. Tampoco podíamos escuchar nada de lo que hablaban, aunque sospeché que trabajaban en silencio. Me fijé en un detalle muy extraño: uno de los bultos correspondía a un niño.

Alguien ascendió por la cuesta y llegó hasta el coche, lo arrancó sin encender las luces y lo acercó hasta la misma orilla. Paró el motor, se bajó y abrió la puerta trasera. No tardaron ni dos minutos en cargar todos los fardos. Nada más acabar la faena, y sin decirse nada, se desintegraron en las sombras. El Discovery desapareció a los pocos segundos entre el follaje de los árboles y la lancha, por su parte, se adentró rápidamente en la oscuridad del mar. Intenté seguir su rastro, pero resultó imposible, aunque me pareció que se dirigía al sur.

No sé cuánto tiempo transcurrió todavía sin que Alicia y yo nos atreviéramos a respirar.

Tardamos bastante en llegar al pueblo porque dimos un enorme rodeo por el monte y no nos decidimos a encender la linterna hasta que llegamos a las primeras casas.

Nos acercamos al amarradero y vimos a un par de hombres pescando. Les preguntamos si habían visto entrar alguna lancha en la última hora y nos dijeron que llevaban allí desde las doce y que no había entrado ni salido nadie del embarcadero en ese tiempo. En mi reloj eran las tres y veinte.

Les deseamos suerte y nos marchamos de allí con la mosca tras la oreja. Habíamos andado todo el trayecto de regreso al pueblo sin decirnos nada. Cuando llegamos a la casa de Alicia nos quedamos unos momentos parados ante la cerca del jardín.

–¿Qué piensas? –le pregunté.

Era una pregunta inútil. Sabía que Alicia estaba pensando lo mismo que yo.

–¿Qué quieres que piense? ¿En lo hermosa que está la luna?

La luz del porche estaba encendida y a través de los visillos de la ventana superior se distinguía la tenue claridad de una lamparilla de noche.

–Esa es mi madre –aclaró–. Se queda todas las noches leyendo hasta que me oye llegar.

–Vaya. Tenemos madres literatas.

–¿Qué opinas tú? –me preguntó Alicia.

–¿Sobre nuestras madres?

–¡Daniel!

–Está bien, está bien. Te lo diré. Lo más probable es que los paquetes que han bajado de la lancha contengan droga.

–¿Y qué hacemos?

–De momento irnos a dormir. Mañana ya lo pensaremos.

Estaba a punto de despedirme cuando se me ocurrió una idea.

–Si la lancha que hemos visto no ha atracado en Gélver, pero ha enfilado hacia el sur, ¿dónde crees que puede haberlo hecho?

Alicia respondió casi sin pensar.

–Vera, Garrucha o, tal vez, Mojácar. Carboneras incluso. Son los puertos importantes más cercanos a Gélver. Aunque también puede haberse ido a Almería.

–Eso es como buscar una aguja en un pajar –exclamé abatido.

–Y además –completó Alicia, que había intuido lo que yo estaba pensando–, no sabemos nada de la lancha, ni el nombre, ni el color, ni la marca...

Me quedé unos segundos con los ojos extraviados en la oscuridad. Sentí que la brisa empezaba a refrescar.

–Bueno –comenté de pronto–, pues en ese caso cambiaremos de planes e iremos a El Herreral. ¿A cuántos kilómetros está eso?

–¿A El Herreral? –Alicia me miró con una mezcla de sorna y extrañeza–. Un momento. Creo que tengo derecho a saber lo que estás tramando.

–¿No fue allí donde dices que hace unos tres o cuatro meses unos perros desenterraron un hombre muerto?

–¿Y qué?

–Me da en la nariz que ese asunto del cadáver desenterrado está relacionado con lo que hemos visto esta noche y con la historia de Ángel.

–Cinco kilómetros –dijo al fin.

–Estupendo. Vendré a eso de las diez.

Capítulo decimoséptimo

Instruido en ciencias, artes y otras materias

Cuando sonó el despertador, no sabía dónde me encontraba ni cómo me llamaba. Me duché con agua fría para espabilarme y, nada más desayunar, fui a buscar a mi padre, a quien encontré bajo el ficus leyendo la prensa del día.

–Dichosos los ojos –saludó cerrando el periódico.

Me senté a su lado en una silla playera.

–Papá, necesito un favor.

–¿Dinero?

–No, no –sonreí–. Ojalá.

Mi padre frunció el ceño.

–¿Te has metido en algún lío?

–No exactamente –titubeé–, no, quédate tranquilo. Verás. ¿Cómo se llama ese amigo tuyo que trabaja en la Dirección General de Tráfico?

–¿Mulero?

–Ese. ¿Es muy amigo tuyo?

–Bastante. ¿Por qué?

–Necesito que me averigües los datos del dueño de un vehículo.

Mi padre se alarmó.

–Daniel, ¿qué ha pasado? ¡Dime la verdad!

Ya había previsto la mentira, así que hablé con naturalidad.

–No, no. No es para mí. Es para una amiga mía, Alicia Guerrero. Es que el otro día un coche le destrozó la bicicleta y el tipo se largó sin más. Menos mal que unos amigos nuestros lo vieron y nos dieron la matrícula. Alicia quiere localizarlo para hablar con él y arreglarlo por las buenas, pero dice que si no lo consigue le meterá una denuncia.

A mí no me gusta mentir nunca, y menos a mis padres. Creo que mi fama de chico serio me vino muy bien en esta ocasión, porque mi padre se creyó toda la bola.

–Toma –le alargué el papel con los datos del Land Rover Discovery–. Dile a tu amigo que se dé prisa, por favor.

Mi padre guardó el papel en un bolsillo del pantalón y me aseguró que llamaría a Mulero esa misma mañana. Luego le di un beso rápido y me marché. Faltaban apenas diez minutos para las diez.

Alicia me estaba esperando sentada en el escalón de su puerta. Al verme, se incorporó de un salto y salió a mi encuentro.

–¿Qué llevas ahí? –señalé la mochila.

–Todos los hombres sois un desastre. ¿Has pensado que estamos en pleno verano y que vamos a darnos una caminata de cinco kilómetros de ida y otros tantos de vuelta?

–¡Agua! –exclamé jubiloso–. ¡Has cogido una botella de agua!

–Sí. Y dos gorras y dos bocadillos de salchichón. ¿Qué te parece?

–Que eres un sol.

El Herreral. Una aldea de casas blancas y dispersas, rodeadas de campos sedientos y montes áridos. El paisaje era un secarral de chicharras asándose al sol, de palmeras moribundas, chumberas, matas de esparto raquíticas y algún triste eucalipto. Una luz impía cayendo sobre la tierra polvorienta nos cegaba.

Preguntamos a una mujer que barría la calle si había algún bar o alguna tienda en el pueblo y nos señaló con la escoba una casa. Murmuró algo que no entendimos, pero le dimos las gracias y nos alejamos en la dirección indicada.

El bar era, en realidad, un pequeño comercio que servía de todo. Detrás del mostrador, un hombre rechoncho con la cara colorada se entretenía en resolver un crucigrama. Le preguntamos si tenía helados y nos dijo que solo había tarrinas de chocolate y vainilla.

–Son las únicas que tengo –se excusó.

Nos dio permiso para sentarnos sobre unas cajas de envases vacíos de cervezas. Estábamos exhaustos y necesitábamos descansar un rato a la sombra.

–Perdone –dije mientras devoraba la tarrina–. Es que estamos haciendo un trabajo y tal vez usted nos pueda ayudar.

El hombre levantó los ojos del crucigrama y puso cara de circunstancias.

–Estamos investigando un suceso que ocurrió aquí, en El Herreral, hace unos tres o cuatro meses –añadí–. Usted tiene que conocer la historia.

–Un hombre muerto que desenterraron unos perros –intervino Alicia.

El hombre entendió al fin. Dejó el bolígrafo y el crucigrama y salió del mostrador. Llevaba un delantal sucio y unas sandalias de esparto. Se apoyó en la barra por la parte de la clientela, a unos pasos de nosotros, y afirmó con la cabeza.

–Necesitamos saber lo que sucedió –dije tras apurar la tarrina, dejar el recipiente y la cucharilla sobre el mostrador y volverme a sentar.

–Claro que me acuerdo. ¿Cómo no me voy a acordar? Esta aldea es tan pequeña que nunca pasa nada. Todos los días son iguales.

–¿Podría usted contárnoslo?

–Pues eso que habéis dicho. Fueron los perros del Doro los que lo encontraron.

–¿Dónde? –preguntó Alicia.

El hombre nos pidió que lo acompañáramos a la calle.

–Detrás de aquel cerro –señaló con el brazo extendido.

Nos quedamos callados unos instantes viendo el lugar que nos indicaba, pero enseguida volvimos a entrar en la tienda para guarecernos del sol.

–Aguardad un momento –dijo el hombre de repente.

Se metió en el interior de la casa y volvió a salir a los pocos instantes con un carpetón verde, que puso sobre el mostrador, abierto de par en par. Estaba lleno de recortes de periódicos.

–Mirad –nos enseñó con satisfacción–. Las noticias que salieron en la prensa. Me dio por guardarlas porque era la primera vez en mi vida que veía a El Herreral salir en los diarios y en la tele.

Había muchas hojas de periódicos distintos, nacionales y regionales, ordenadas por fechas. En todas las reseñas se aludía al mismo hecho: el reciente descubrimiento de un cadáver por parte de unos perros en una zona próxima a El Herreral, una pequeña población en la parte este de la provincia de Almería.

Las primeras hojas relataban la aparición del cuerpo y los pormenores del suceso. También la foto del fallecido, un hombre calvo. El cadáver presentaba una herida en el abdomen, que al parecer le había ocasionado la muerte y mostraba un avanzado estado de descomposición. Las hojas intermedias estaban fechadas en días posteriores y daban cuenta de la evolución del caso, es decir, de las investigaciones policiales, la práctica de la autopsia y nuevos datos, sobre todo especulaciones sobre el difunto y el misterio que lo envolvía. Las últimas eran, lógicamente, las que pertenecían a fechas más recientes, y aunque no aclaraban mucho sobre los hechos, sí nos sirvieron al menos para conocer la identidad del hombre muerto y las causas de su fallecimiento.

El dueño del local nos prestó un bolígrafo y un trozo de papel de estraza donde apuntamos los datos del difunto: Pedro Velázquez García, domiciliado en Garrucha, 45 años. Herido mortalmente con arma blanca. En el momento de la autopsia llevaba muerto unas cuatro semanas, por lo que la muerte debió de producirse en los primeros días de marzo.

Le dimos las gracias al hombre por su información, le compramos otra botella de agua fría y nos marchamos con el ánimo de comernos los bocadillos de salchichón. El dueño del local nos despidió con una sonrisa campechana y se zambulló de nuevo en su crucigrama. Ya habíamos dejado atrás el establecimiento y andado unos diez pasos cuando el hombre salió a la calle y desde la puerta nos preguntó qué podía ser «instruido en ciencias, artes y otras materias», de siete letras y acabado en «-ito». Alicia y yo nos miramos con cara de aturdimiento.

–¡Erudito! –gritó ella de improviso.

El hombre nos hizo un gesto de despedida y gratitud al mismo tiempo y se metió para adentro. Caía un sol inmisericorde y era casi imposible encontrar una sombra. Nos sentamos en la parte trasera de una casa, sobre el suelo, y despachamos los bocadillos en cinco minutos.

–No sabía que tuvieras tanta cultura –dije en plan de guasa.

–Erudita que es una –respondió Alicia en el mismo tono.

Encima ingeniosa, pensé. Pero no se lo dije para no darle alas.

Ni siquiera a la sombra podíamos espantar el calor. Alrededor de nosotros se extendía una luz casi irreal que hería los ojos. La tierra tenía el color de la ceniza. Un poco más allá de donde estábamos se levantaban algunos cerros grises sin vegetación, como bultos enormes y calcinados. El cielo, en claro contraste con aquella desolación de polvo y piedra, aparecía como un remanso azul y limpio, veteado de hermosas nubecillas blancas.

–Esta tarde tenemos trabajo –dije de pronto.

–No me lo digas. Lo adivinaré –hizo una pausa teatral–. Vamos a ir a Garrucha.

–Premio para la señorita –exclamé levantándome y echando a andar.

Alicia me imitó. Pronto dejamos atrás la aldea y enfilamos por una carretera por la que raramente pasaban los coches.

–¿Y qué has pensado? –me preguntó en tono burlón–. ¿Preguntar en un quiosco?

–Algo se nos ocurrirá.

Cuando llegamos a Gélver era más de la una y llevábamos un sofoco de espanto, así que decidimos darnos un chapuzón en la Playa del Sapo. Allí nos encontramos con algunos de la pandilla, y cuando nos preguntaron por qué no habíamos acudido a la acampada nocturna improvisamos una excusa.

En un momento determinado, mientras jugábamos en el agua, Julián se me acercó.

–Teresa está hecha una furia porque no viniste anoche –me dijo en voz baja, como si me confesara un secreto.

Las palabras de Julián me trajeron a la memoria mi última conversación con Teresa en el paseo, momentos antes de verla partir en el Nissan Patrol blanco de su padre. «He estado pensando en ti… Si vienes, te lo contaré». La aventura nocturna con Alicia había hecho que me olvidara por completo de Teresa y sus enigmáticas palabras.

Me despedí de la pandilla y le hice un gesto a Alicia, que estaba chapoteando con Raquel y Marina, para que se acercara. Llegó chorreando agua.

–¿Cuántos kilómetros hay hasta Garrucha? –le pregunté.

–Unos doce.

–¿Y cómo podemos ir?

Alicia puso esa cara de sorna que estaba empezando a resultarme familiar.

–Tenemos varias opciones –dijo en plan burlón–. Podemos tomar el avión, el barco, el tren de alta velocidad o el globo, pero, considerando nuestra lamentable disponibilidad económica, lo mejor será decantarnos por un medio de transporte más rudimentario. Por ejemplo, la bici.

–¿Estás diciendo que vuelva a pedirle a Raquel la bici rosa?

–A ver si me aclaro: ¿tienes problemas con Raquel, con la bici o con el color rosa?

Me sentí ridículo.

–¿A qué hora quedamos? –pregunté por toda respuesta.

–A las cinco en la plaza –dijo.

Y dando por terminada la conversación se dio media vuelta y regresó al agua, donde la esperaban sus amigas.

Hasta las dos y media no se comía en mi casa, así que disponía todavía de cuarenta y cinco minutos para mí solo.

En dos zancadas llegué hasta la plaza y me metí en el bar de Nicolás, que a esa hora estaba atestado de gente tomando cervezas y hablando a gritos entre el ruido de las tragaperras y el de la tele encendida, que nadie miraba. Le pregunté a Nicolás si tenía una guía de teléfonos y, sin responderme nada, metió la mano bajo el mostrador y sacó dos. Tomé la más vieja, que estaba hecha una piltrafa.

Pedí un refresco de naranja y me sumergí en mi particular búsqueda del tesoro. Garrucha. Velázquez Aguilar, J. L., Velázquez Fernández, N., Velázquez García, A., Velázquez García, P. Calle del Palangre, 7, 3.º, 950-233405.

Nicolás me prestó un bolígrafo y apunté los datos en una servilleta, que guardé cuidadosamente en el bolsillo del pantalón. Luego me bebí el refresco de un trago, pagué y salí a la calle.

Consulté el reloj y comprobé que todavía tenía tiempo para realizar otra gestión antes de irme a casa. No tardé ni cinco minutos en localizar la vivienda de Teresa. Permanecí de pie, parado ante la cancela unos momentos, contemplando la puerta, las ventanas verdes y el enorme rosal junto a la entrada con sus olorosas flores blancas. Milton salió a recibirme y no tuve necesidad de llamar al timbre.

Capítulo decimoctavo

El laberinto de hielo

La madre de Teresa abrió la puerta. Hizo callar a Milton con un simple gesto y me invitó a pasar al interior. El perro no dejaba de mirarme, agazapado al pie del rosal, con el rabo entre las patas y el hocico erguido.

Adela llamó a su hija, que se encontraba en su habitación, y me preguntó si quería tomar algo mientras esperaba.

–Un vaso de agua, gracias.

Teresa salió de su cuarto al mismo tiempo que su madre de la cocina. Iba descalza, con un pantalón corto y una camiseta que le dejaba al descubierto el ombligo.

–¡Caramba! –exclamó abriendo los ojos verdes–. ¡Qué sorpresa!

Me puse rojo como un pimiento y sentí que las orejas comenzaban a picarme.

–Es que pasaba por la puerta y decidí entrar a saludar –inventé.

Las dos mujeres se sentaron y me animaron a hacer lo mismo. Durante unos instantes guardamos un incómodo silencio. Bebí el agua atragantándome. Teresa no hacía más que mirarme a los ojos y Adela parecía extraviada en otra realidad. Dejé el vaso antes de que se me resbalara de los dedos y se rompiera en mil pedazos.

–¿No está tu padre? –pregunté.

–Basilio ha salido de viaje –explicó Adela, regresando de su ensimismamiento.

–Ah –dije.

Las orejas me picaban tanto que incluso me dolían.

–Es que quería pedirte disculpas por lo de anoche –balbuceé sin saber muy bien a dónde me conducían mis propias palabras.

–¿Anoche? –preguntó divertida Teresa.

–Sí. ¿Qué tal estuvo la acampada?

Los ojos de Teresa despidieron un relámpago.

–¿Quieres ver mi cuarto? –preguntó de súbito.

Me quedé helado. Era la primera vez que una chica me invitaba a entrar en su cuarto, y encima en presencia de su madre. Volví a ponerme rojo otra vez. Teresa se levantó y con total naturalidad me cogió de una mano y tiró de mí. Desde las escaleras, volví los ojos hacia Adela y vi que me estaba observando con una extraña mirada que no supe descifrar.

El cuarto de Teresa era luminoso. Tenía cortinas y sábanas anaranjadas a juego con el color claro de los muebles. Sobre la mesa de estudio descansaba un portarretratos con una fotografía en la que posaban Teresa y Ángel, abrazados y sonriendo, ambos con abrigo.

–Es la última fotografía que nos hicimos juntos –me explicó Teresa–. La Navidad pasada.

Yo tenía un nudo en la garganta. Los ojos de Ángel parecían atrapados en una transparencia de olvido. Su tímida sonrisa me recordaba el vago gesto que había descubierto en Palmira. Y lo mismo me sucedía con el pelo, ensortijado y rubio, cayendo sobre la frente en pequeños bucles.

Tuve la impresión de que Ángel me estaba contemplando desde el otro lado de la muerte y me estremecí. El color de sus pupilas me tenía fascinado. De repente vi un oleaje de sombras moviéndose detrás de aquel fulgor translúcido, formas gelatinosas que se arrastraban en un vacío de agua, como medusas diminutas, y el resplandor de una luz lejanísima. Entonces me di cuenta de que los rostros de la fotografía eran los de dos muñecos, dos títeres de plástico o cartón piedra, y que me sonreían demoníacamente. Di un grito y, al intentar escapar de aquella visión terrible, perdí el equilibrio y caí al suelo sin conocimiento.

Cuando me desperté eran las ocho y media de la tarde y me encontraba en mi cama. Por la ventana entraba una luz mortecina.

Intenté incorporarme, pero me asaltó una sensación de vértigo acompañada de breves pinchazos en los músculos. Creí que me iba a desmayar otra vez, por lo que, desistiendo de mi propósito, me dejé caer sobre la cama y me abandoné al sueño.

Debían de haberme inoculado algún tipo de tranquilizante porque volví a caer en un sopor pegajoso al momento y rápidamente perdí conciencia de la realidad.

Me vi en un laberinto de agua congelada, cuyas paredes estaban formadas por enormes bloques de hielo. Caminaba perdido en aquellos pasadizos de cristal que me devolvían multiplicada por mil mi propia imagen, vagando de un lado para otro, como un sonámbulo, hacia delante y hacia atrás, a la derecha y a la izquierda, sin tener la más remota idea de cómo había llegado hasta allí ni de cómo podría escaparme.

De repente me di cuenta de que el suelo se movía. El pavimento también estaba formado de hielo y parecía que empezaba a licuarse lentamente. Miré hacia arriba y contemplé, asustado, que el cielo y las paredes se estaban deshaciendo. Una de aquellas gotas que se desprendían del cielo como lágrimas cayó sobre mi boca y comprobé que tenía un sabor salado. ¡Era agua de mar!

Me contemplé en el espejo de hielo que estaba frente a mí y vi que mi rostro se había transformado en el rostro de Ángel Rosé. Todos los rostros que me miraban en aquella gélida galería eran el mismo rostro: el que yo había visto en el retrato de la habitación de Teresa.

Las imágenes y los tabiques se desleían. Todo el laberinto de hielo estaba derritiéndose, convirtiéndose en un frío mar de lágrimas, y tuve que empezar a bracear para no ahogarme en mi propia pesadilla. Me vi rodeado de agua y creí que iba a perecer. Y en ese momento oí la voz de Ángel, que me llamaba desde el fondo de aquel abismo.

Inesperadamente, descubrí un trozo de madera, una tabla que venía flotando a la deriva. Era grande, como una balsa. Trepé a ella con gran esfuerzo y me tumbé de bruces, extenuado, mientras a mi alrededor crecían las voces de súplica y el lamento del agua.

La tabla tenía algo escrito, dos palabras extranjeras fijadas con un trazo irregular de sangre coagulada. *Frau Rotschlange.*

Di un grito terrible y me desperté.

Un montón de gente entró en mi habitación. Al principio, no reconocí a nadie. Luego, poco a poco, fui descubriendo las figuras de mis padres, mi hermana, Palmira y don Matías. Me encontraba débil y agotado, sentía la cabeza a punto de estallar y el sudor corría por todo mi cuerpo.

Mi padre se sentó a mi lado, puso su mano en mi frente y, tras colocarme el termómetro en la axila, trató de consolarme. «38 grados», dijo. «No es grave». Me suministró un antipirético y un sedante y le pidió a mi madre que se quedara conmigo un rato. Él y los demás salieron de la habitación en silencio. Mi madre me tomó la mano y comenzó a hablarme como solo ella sabía hacer, con ternura y cariño, y me quedé dormido, arrullado por su voz.

Por suerte no volví a tener pesadillas. Permanecí en la cama hasta la tarde siguiente. Me levanté con el permiso de mi padre para tomar un vaso de leche con galletas y me tropecé con la mirada gatuna de mi hermana Irene.

–¿Es que piensas pasarte las vacaciones en la cama? –me espetó nada más verme.

Todavía humeaban los rescoldos de mi enfermedad y me sentía cansado. Lo que menos deseaba era aguantar las impertinencias de Irene.

Le respondí con un gruñido y me senté a merendar. El tazón me supo a poco y me puse otro. Necesitaba alimentarme y recuperar fuerzas.

–Menuda liaste –me dijo Irene.

Puse cara de extrañeza. La verdad era que no recordaba nada.

–Medio pueblo anda detrás de ti –explicó enigmática.

–¿Qué estás diciendo?

–¿Te parece poco? Te desmayaste en la habitación de Teresa. Estabas grogui y tuvieron que llevarte al centro de salud en una ambulancia. Papá fue allí, y cuando dijo que era médico lo dejaron atenderte. Después te trajeron a casa otra vez en la ambulancia. Menudo numerito. Luego, las visitas, doña Palmira, don Matías, todos esos amigotes que te has echado. Y, por si fuera poco, esa chica larguirucha con la que andas últimamente todo el tiempo.

–Te lo estás inventando –dije convencido.

–Hasta el padre de mi amiga Violeta ha venido a ver qué pasaba.

Di un salto en la silla.

–¿El teniente Vidal?

–Ajajá –rio Irene.

De repente se me había ido el hambre. Fui a mi habitación y traté de reproducir mentalmente los últimos acontecimientos, sobre todo desde que Alicia y yo habíamos visitado el cortijo de Las Beatas, y cuando cobré conciencia de mi realidad volví a experimentar el mismo sentimiento que me había hecho caer en aquel febril estado de postración: el miedo.

Mis padres entraron en ese momento.

–*Buona sera, signorino!* –exclamó mi progenitor con su buen humor habitual.

Mi madre me estampó dos sonoros besos y me llamó «dormilón compulsivo». Le sonreí abiertamente y la abracé.

–Menudo susto nos has dado –dijo sentándose sobre la cama.

–¿Qué ha pasado? –pregunté.

–Eso es precisamente lo que vamos a saber mañana –dijo mi padre.

–¿Mañana?

–Iremos a Vera a que te hagan unas pruebas. No es normal que en una semana hayas tenido dos veces fiebre. Quiero que te hagan, cuando menos, unos análisis de sangre.

Las pruebas revelaron que a mi cuerpo no le sucedía nada anormal y mis padres respiraron tranquilos. Me recuperé enseguida, pero mi padre me estuvo vigilando unos días con lupa. La excursión a Garrucha tendría que esperar un tiempo.

Fue cinco días más tarde y no en bicicleta, como había sugerido Alicia. Don Matías había estado en mi casa la tarde anterior, echando una partida de ajedrez con mi padre, y había comentado que tenía que ir a Garrucha a hacer una visita. Le insinué que me gustaría acompañarlo para conocer la ciudad y se sintió halagado. Lo que no le dije entonces fue que pensaba invitar a Alicia.

El maestro no solo no puso reparos, sino que se mostró gratamente sorprendido cuando nos vio aparecer a los dos por su casa a la mañana siguiente. Luego supe que su relación con Alicia durante su etapa en el colegio de Gélver había sido estupenda, y todavía lo seguía siendo.

–Los alumnos como Alicia dignifican la profesión docente –exclamó don Matías mientras conducía.

El día estaba radiante. El mar, a nuestra izquierda, llameaba de luz.

Sin darnos apenas cuenta llegamos a Garrucha, y lo primero que llamó mi atención fue el muelle. Un montón de embarcaciones de diferentes tamaños, colores y formas se encontraban atracadas en los amarraderos. Veleros, lanchas motoras, barquichuelas de pescadores. Nos adentramos por un paseo con palmeras y acacias que se extendía paralelo al puerto y luego doblamos hacia el centro de la ciudad, donde aparcamos.

Le pedimos a don Matías que nos dejara dar una vuelta a nuestro aire. Él puso algún reparo aludiendo a su responsabilidad sobre nosotros. Sin que Alicia se diera cuenta, y tratando de no ponerme colorado, le guiñé un ojo al maestro para buscar su cooperación en una supuesta relación sentimental entre Alicia y yo. Algo así como si le hubiera dicho: «Necesitamos estar solos». Él sonrió disimuladamente y me devolvió el guiño cómplice. Nos citó para un par de horas más tarde en aquel mismo lugar donde había aparcado el vehículo.

Cuando lo vi alejarse con su leve cojera experimenté una sensación de gratitud hacia aquel hombre. Pensé que a veces las personas somos injustas, nos dejamos llevar por las primeras impresiones y nos equivocamos. Don Matías seguía oliendo a naftalina y a colonia rancia, y seguramente llevaba enamorado de Palmira toda su vida, pero, en honor a la verdad, era una buena persona.

–¿Qué piensas? –me preguntó Alicia.

El maestro había desaparecido de nuestra vista y nos habíamos quedado plantados como dos farolas en mitad de la acera.

–Pienso que las personas estamos llenas de prejuicios.

Alicia me miró con extrañeza.

–¿De qué me estás hablando?

Le sonreí.

–No me hagas caso. Tonterías mías.

Entramos en una panadería y pregunté a la dependienta por la calle del Palangre. La mujer salió a la puerta de la calle y nos hizo unas cuantas indicaciones.

–¿Por qué has preguntado por la calle del Palangre? –inquirió Alicia cuando comenzamos a caminar en la dirección señalada.

Por toda respuesta le mostré la servilleta donde había anotado la dirección de Pedro Velázquez.

–¿De dónde la has sacado?

–De una guía telefónica.

Alicia fue a añadir algo más, pero finalmente se mordió los labios, me miró de reojo y guardó silencio.

Capítulo decimonoveno

Más difícil que sacar un sobresaliente en Latín

La calle del Palangre era, en realidad, un callejón estrecho y sucio. El número 7 correspondía a una construcción de cinco plantas, ladrillo rojo y aspecto desolador, con ventanas diminutas y balcones estrechos, llenos de bombonas de gas, cubos, fregonas y tendederos. La mayor parte de los botones del telefonillo estaban rotos y no tenían nombre. Pulsé uno que debía de ser del tercero, pero nadie respondió. Volví a pulsar varias veces, y cuando me cansé de hacer el idiota empecé a tocar uno tras otro a todos los botones, hasta que la voz de una mujer anciana, que resultó ser la inquilina del cuarto piso, me dijo que allí no vivía nadie que se llamara Pedro Velázquez y que dejáramos de molestar.

Durante unos instantes nos quedamos en silencio y sin saber qué hacer, hasta que Alicia me señaló una casa, hacia el final de la calle, que parecía un pequeño comercio. Era un sitio de esos que bordean la ruina, donde se venden gominolas, tebeos y revistas de la tele. Un hombre de pelo blanco y gafas de miope nos atendió.

–¿Pedro Velázquez? No me suena.

Por aquel camino no íbamos a conseguir nada, así que Alicia fue directa al grano.

–¿No recuerda el caso de un hombre que vivía en esta calle y que apareció muerto y desenterrado por unos perros hace unos meses?

El hombre abrió los ojos detrás del cristal de las gafas.

–¡Claro que me acuerdo! ¡Ahora caigo!

–¿Y qué podría decirnos de él?

–Pues la verdad, muy poca cosa. Casi no lo recuerdo. Era un tipo muy raro. No se le veía nunca por la calle.

–Pero algo sabrá de él –exclamó Alicia.

–Lo único que puedo deciros de aquel tipo es que tenía la cabeza como una bola de billar.

–¿Quiere decir que era calvo? –pregunté sin poder disimular el interés

–Como Yul Brynner.

Alicia y yo cruzamos una mirada. Ignorábamos quién era el tal Brynner, pero no se lo preguntamos.

–¿Estaba casado o tenía amigos? –inquirí–. ¿Sabe si solía ir a algún sitio determinado?

–No tengo ni idea.

Me sentí impotente. Era como disparar a ciegas. ¿Qué era lo que pretendíamos averiguar? Ni siquiera teníamos la certeza de que la historia del calvo estuviera relacionada con el asunto que llevábamos entre manos.

–¿A qué se dedicaba?

El dueño del quiosco se quitó las gafas y limpió los cristales. Tenía los ojos minúsculos, como los de un ratón.

–Y yo qué sé. Ya os digo que no venía nunca por aquí.

–¿Y no sabe a quién podemos preguntar? –insistió Alicia.

Entraron dos niños dando voces, pidieron golosinas y se marcharon como un remolino. El hombre se había vuelto a colocar las gafas y nos contemplaba con una mirada impaciente.

–Lo siento, pero no sé nada de ese hombre. Solo sé que era un tipo raro y que no hablaba con nadie.

Otro grupo de niños entró en el quiosco y se armó un alboroto de mil diablos. El hombre comenzó a intercambiar gritos y nombres de caramelos con los chiquillos y se olvidó de nosotros. Alicia y yo le dimos las gracias, compramos un par de chicles de fresa y desaparecimos de allí en dirección al puerto.

Unos minutos más tarde paseábamos por el muelle entre el gentío, sin hablar, contemplando las barcas, yates y lanchas atracadas en los embarcaderos y aspirando el aire, que olía a brea y sal.

Mirábamos con atención los nombres de los bares, las cafeterías y los restaurantes que poblaban el paseo. Después de media hora de caminata, nos sentamos en un banco de piedra frente a uno de los amarraderos. Aunque no nos lo decíamos, nos sentíamos fracasados.

–Esto es más difícil que sacar un sobresaliente en Latín –exclamó Alicia.

La miré con ternura. Alicia tenía entrecerrados los ojos y había abierto los brazos, como si quisiera abrazar el aire y dejarse besar por la luz del sol.

Tuve que admitir que estaba empezando a sentir por ella algo extraño, algo que no había sentido hasta ese momento por ninguna otra chica. No, no era amistad. Era otra cosa desconocida, que me turbaba y me alteraba el pulso más de lo que yo hubiera deseado.

Durante más de diez minutos nos abandonamos a la placidez de aquel momento. Alicia dormitaba a mi lado. Había apoyado su cabeza en mi hombro y respiraba acompasadamente, con la felicidad reflejada en el rostro. Le pasé el brazo por los hombros y me dejé invadir por la plenitud más absoluta.

Ante mis ojos se extendía un paisaje de yates, barcas, lanchas y todo tipo de embarcaciones amarradas a los noráis. Comencé a leer los nombres y las matrículas sin darme cuenta de lo que hacía, hasta que mi mirada se quedó clavada en un nombre: *Frau Rotschlange.*

Di un salto tan grande que empujé a Alicia y estuvo a punto de caer al suelo.

–*¡Frau Rotschlange!* –exclamé poniéndome en pie.

Alicia había regresado del país de los sueños de la manera más brusca y me miraba con estupor.

–¿Qué dices?

Por toda respuesta, le señalé con el brazo la embarcación. Una lancha motora blanca, marca Hurricane, con bandera alemana y el extraño nombre pintado en el casco con tinta de color rojo.

Alicia siguió con los ojos la dirección de mi brazo y contempló la lancha. Cuando descubrió la bandera tricolor se volvió hacia mí.

–¿Qué es lo que pasa? Yo solo veo una barca con la insignia alemana.

–¡Mira el nombre!

Le conté los dos sueños en los que aparecía la extraña palabra. Ángel la había pronunciado desde más allá de la muerte. Y después, la misteriosa tabla surgida en medio de aquella pesadilla de agua. *Frau Rotschlange* escrito con letras de sangre coagulada. Alicia me miraba hipnotizada.

–No hay otra explicación –exclamé completamente convencido–. ¡Ángel Rosé murió asesinado en esa lancha!

Faltaba menos de media hora para nuestra cita con don Matías, así que debíamos darnos prisa o no tendríamos más remedio que regresar otro día. Nos acercamos a un hombre que maniobraba en un yate al lado de la lancha alemana.

–Perdone, amigo –dije saludando.

El hombre se acercó atentamente con una media sonrisa en los labios.

–Nos gustaría hablar con el dueño de esa embarcación.

–Es un enano alemán que suele ir bastante por una taberna que hay al final del paseo, detrás de aquellos árboles –señaló con el brazo–, un bar con nombre extranjero. Habla muy poco español y no sé si os aclararéis con él.

Le dimos las gracias y nos marchamos a la taberna indicada.

–Casi no tenemos tiempo –dijo Alicia–. Don Matías nos ha pedido que seamos puntuales.

–Es solo un momento. Un simple vistazo.

Aceleramos el paso y al instante nos encontrábamos en la puerta del Winzer Bar, un pequeño antro típico de zonas portuarias, con no más de media docena de clientes, la mayoría turistas ocasionales.

–¿Qué va a ser? –nos preguntó el camarero.

–Dos zumos de piña.

–¿Qué hacemos ahora? –me preguntó Alicia.

Nos habíamos acodado sobre el mostrador. No teníamos tiempo de sentarnos en una mesa. Mientras bebíamos distraídamente yo trataba de encontrar alguna pista.

–No tengo ni idea.

Una chica salió de la cocina, dejó una bandeja de chipirones fritos en la barra y volvió a meterse en el interior.

–¿Y si preguntáramos directamente al camarero? –insinué.

–¿Y qué le vas a decir? ¿El rollo del instituto?

–¿Es que a ti se te ocurre algo mejor?

Alicia no me respondió. Se había quedado con los ojos fijos en algún punto a mi espalda. Me di la vuelta intrigado. En la pared de enfrente había varios carteles y retratos. Los miré con atención, hasta que reparé en uno de ellos.

Sobre la lancha *Frau Rotschlange* tres hombres posaban para la posteridad. Alegres y risueños, con el mar al fondo. El más alto de los tres llevaba el pelo recogido en una coleta y tenía aspecto de gladiador romano. Otro estaba completamente calvo; no era sino Pedro Velázquez. El tercero, que se encontraba en el medio, era un enano pelirrojo.

Fue en ese momento cuando lo vimos aparecer por la puerta. Riendo, gesticulando y diciendo frases en una jerga germano-española. Algunos clientes lo saludaron con familiaridad. Entonces recordé la escena nocturna del contrabando en la playa, con el grupo de hombres y aquella figura infantil que nos sorprendió, cogiendo bolsas de la lancha. ¡No era un niño, sino un hombre enano! Alicia y yo nos miramos y supimos con toda certeza que nos hallábamos ante uno de los asesinos de Ángel y Ricardo.

El viaje de regreso fue un infierno de calor. El coche de don Matías carecía de aire acondicionado y no hubo más remedio que abrir las ventanillas para tener algo de ventilación, pero lo que entraba del exterior eran chorros de fuego.

Don Matías nos explicaba los pormenores de su visita mientras nosotros permanecíamos en silencio, abismados en nuestras propias reflexiones, y solo de vez en cuando respondíamos al maestro con monosílabos.

Alicia y yo nos bajamos a la entrada del pueblo. Le dije a don Matías que era un poco pronto todavía y que nos apetecía tomar un helado. El hombre entendió a la primera y cuando nos despedimos me guiñó un ojo.

–Bueno –dijo ella ya en la puerta de su casa–. Y ahora, ¿qué?

–Nos veremos luego y estudiaremos la situación.

–Me parece que nos vamos a meter en un lío.

Su madre salió al jardín en ese momento y nos saludó con una sonrisa alegre.

–Mi madre se va a creer que somos novios –me espetó Alicia, mirándome a los ojos.

Me puse más colorado que un tomate y ella se echó a reír. Sin darme tiempo a responderle, se metió en casa y me dejó solo con mi turbación.

–Soy un idiota –me dije a mí mismo mientras echaba a andar.

Irene y mi madre andaban por la cocina, preparando algo de comer, y mi padre leía la prensa bajo el ficus.

–¿Qué tal la visita cultural a Garrucha con don Matías?

Me senté a su lado.

–Tiene buen aspecto –señalé una jarra que había sobre la mesa.

–Es limonada.

Me serví un buen vaso y eché un trago.

–No está mal –dejé el recipiente y me limpié los labios con una servilleta–. Garrucha, quiero decir. Tiene un embarcadero formidable.

Mi padre sacó un papel y lo puso sobre la mesa.

–¿Qué es? –pregunté.

–Lo que me pediste.

¡Ya no me acordaba! Tomé el papel con cierta excitación y lo leí: Land Rover Discovery. AL-4384-S. Propietario: César Ortega Gómez. Calle de Isabel La Católica, número 42, Vera, Almería.

–¿Es eso lo que querías?

Sentí una gratitud infinita hacia mi padre, pero al mismo tiempo comencé a experimentar un terrible vértigo en el estómago.

–¿Me vas a decir la verdad?

Aquello no me lo esperaba.

–¿Qué verdad? –pregunté estúpidamente.

Mi padre me tomó la mano.

–Daniel –susurró–. No sé en qué follón te habrás metido, pero quiero que me digas la verdad. ¿Qué es eso del Discovery?

–Ya te lo dije: una amiga mía…

No me dejó terminar.

–¿Vas a mentirme otra vez?

Me sentía desarmado. No sabía por dónde seguir. Jamás había mentido a mis padres.

–No te preocupes, papá. No es importante, de veras. Si te necesito, te lo diré.

Capítulo vigésimo

¿Qué vas a hacer con ese oso?

Mi hermana salió en mi ayuda. Dijo que la comida estaba preparada y que podíamos pasar al salón comedor, no sin antes lavarnos las manos.

–El protocolo es el protocolo –dijo Irene.

Seguramente, mi hermana había leído en algún lugar la palabra «protocolo» y le había dado la lata a mi madre o a mi padre para que le explicaran su significado. O simplemente la había buscado en un diccionario y se dedicaba a pronunciarla, viniera o no a cuento.

Durante la comida, mi padre no volvió a sacar el tema, pero yo notaba que me observaba con disimulo. Además, estuvo más discreto que otras veces en su conversación y más comedido en sus comentarios jocosos.

Mi madre y mi hermana nos amenizaron la comida narrándonos sus últimas peripecias vacacionales. Una a la otra se quitaban las palabras de la boca, reían, hacían aspavientos, y mi hermana incluso parodiaba a algún lugareño.

Después de la comida me tumbé en el sofá y traté de leer algo del libro que llevaba entre manos, pero el sopor me venció y me abandoné al sueño, hasta que me despertaron unas voces a eso de las cinco y cuarto.

Me incorporé y presté atención. Mi padre, don Matías y el teniente Vidal charlaban en el jardín, y aunque traté de aguzar el oído, no fui capaz de entender lo que decían. Mi madre apareció por el comedor y me sorprendió.

–¿Es que ahora te dedicas a espiar las conversaciones de la gente?

–Me ha parecido que hablaban de mí. ¿Qué hace un guardia civil en nuestra casa? ¿Pasa algo?

–¿Por qué no vas y se lo preguntas tú mismo?

–No, gracias. Prefiero irme a dar una vuelta con mis amigos.

Tomé un vaso de leche fría y salí por la puerta trasera de la cocina con intención de largarme sin ser visto, pero mi padre me sorprendió y no tuve más remedio que acercarme.

–¿Es que no pensabas saludar al teniente? –me preguntó a bocajarro.

Antes de que pudiera defenderme, el guardia civil me saludó.

–¿Cómo estás, chaval?

Le estreché la mano. Una mano de piedra. Y sentí que podía destrozarme los dedos con solo apretar un poco.

–Bien.

–¿Cómo va tu trabajo?

Puse cara de imbécil.

–El trabajo sobre la Casa de los Muertos –continuó–. ¿No tenías que escribir una historia para el instituto? Bernardino me dijo que fuiste a verlo.

Me sentí acorralado. Miré asustado a mi padre, que me contemplaba con preocupación. Menos mal que don Matías me echó un cable.

–Espero que me dejes supervisarla, Daniel, aunque sospecho que no tendrás problemas con la redacción.

Dije a todo que sí y me escabullí tan pronto como pude. Necesitaba estar solo.

Alicia y yo habíamos quedado en el bar de Nicolás. Cuando llegué encontré a varios de la pandilla, pero Alicia no estaba. Pregunté por ella y tuve que aguantar todo tipo de comentarios chistosos. Lo más suave que me dijeron es que estaba colado como un tonto. Como no tenía ganas de más bromas, inventé una excusa y salí a buscarla.

No quería perder el tiempo, así que fui directamente a su casa. La encontré en la puerta despidiéndose de sus padres, que estaban a punto de marcharse con el coche.

–¿A dónde van? –pregunté.

–A Vera, a visitar a una tía mía.

–¿A Vera? –exclamé–. ¡Qué casualidad! ¡Diles que queremos ir con ellos!

–¿Estás bien de la cabeza? ¿A qué tenemos que ir tú y yo a Vera con mis padres? ¿A ver a mi tía Leonor?

El vehículo empezaba a ponerse en marcha. Sin hacer caso de las palabras de Alicia, me apresuré a hacerle señas a su padre para que se detuviera. El hombre frenó, asomó la cabeza por la ventanilla y me preguntó qué pasaba.

–Perdone, ¿podría llevarme a Vera? Es que necesito comprar un libro.

Alicia me miró estupefacta.

Su madre asomó por la otra ventanilla y nos dijo que subiéramos.

El viaje a Vera fue divertido. Les expliqué que necesitaba adquirir un libro para hacerle un regalo a mi hermana y que en Gélver no había encontrado el que buscaba. La madre de Alicia se mostró entusiasmada con la idea de regalar libros y pronto nos enzarzamos en una apasionada discusión sobre autores y títulos. Yo hablaba a ciegas, repitiendo como un loro nombres que había escuchado a mi madre, aunque no los hubiera leído nunca. La madre de Alicia debió de pensar que yo era un lector empedernido.

Cuando llegamos a casa de su tía Leonor, le pedí a Alicia que me acompañara. Sus padres nos dijeron que disponíamos de una hora y media.

–¿Me puedes decir qué es lo que te propones? –me preguntó cuando nos vimos solos.

–Mira –le alargué el papel.

–¿Qué es esto?

–La dirección del Land Rover Discovery.

Me miró como si yo fuera un extraterrestre.

–¿De dónde la has sacado?

–Eso ahora no importa. Tenemos una hora y media, así que vamos a echar un vistazo.

Le preguntamos a un hombre que pasaba por la calle y nos señaló la dirección con una precisión de relojero suizo. Nos explicó el itinerario dos veces, con parsimonia, para que memorizáramos bien las indicaciones.

Era media tarde. Las calles de Vera se hallaban concurridas de gente y de vehículos. Cruzamos una avenida con plataneras y un par de plazas. En una de ellas descubrimos una librería. Entré y le pregunté a la dependienta por un libro barato, porque mi economía no me permitía grandes dispendios.

–¿Se lo vas a regalar a tu hermana de verdad? –me preguntó Alicia al salir a la calle.

–No.

No tuve ocasión de explicarle nada más. Habíamos llegado a la calle de Isabel la Católica, una vía ancha, con coches aparcados a ambos lados y acacias en las aceras. Cuando llegamos al número 42 me dio un vuelco el corazón. ¡Era una tienda de juguetes!

El dependiente era un tipo de mediana estatura, pelo escaso, engominado, y mirada torcida. En aquellos momentos atendía a un par de señoras; una de ellas llevaba un carrito con un bebé de pocos meses y la otra había soltado por el local a un diablillo de unos tres o cuatro años que lo tiraba todo al suelo. El hombre nos preguntó qué deseábamos y nosotros, para ganar tiempo, le dijimos que no lo teníamos claro, que preferíamos mirar un poco por las estanterías. En el acto, se olvidó de nosotros y se dedicó a atender a las mujeres y a perseguir al niño.

El local no era muy grande. Un par de estanterías centrales rebosaban de juguetes a ambos lados. Las paredes estaban también repletas de peluches, coches con mando a distancia, juegos de construcción, caretas, pistolas de plástico, balones y triciclos.

Al fondo había una puerta que comunicaba con el interior de la tienda. Sobre ella pendía un cartel que decía «Prohibida la entrada». Aprovechando el trajín del dependiente con las señoras y el niño, me deslicé hacia el interior sin hacer caso del aviso. Alicia me censuró con los ojos, pero yo no estaba dispuesto a irme de vacío. Le respondí con una mirada y le hice un gesto con la mano para que me esperara.

Avancé por el corredor. Dejé atrás un cuarto de baño y un pequeño despacho, y más adelante descubrí una puerta que supuse debía de ser un cuarto trastero. Abrí con precaución y vi que era un pequeño vestidor, donde no hallé nada interesante. Salí y seguí por el pasillo hasta dar con otra puerta, que comunicaba con el almacén. Entré con cuidado y descubrí, sobre una de las estanterías, un montón de cajas de muñecos como los que yo había visto en mis pesadillas. La piel se me erizó. Fue entonces cuando oí la voz, una voz de trueno con acento alemán.

–¿Qué haces aquí?

Me di la vuelta, aterrado, y vi frente a mí a un hombre musculoso que tenía el pelo recogido en una coleta. Lo reconocí en el acto. Era el tipo que había visto en el retrato del bar del puerto, junto al calvo y el enano.

–¿Estás mudo o qué coño te pasa? ¡Te he hecho una pregunta!

El miedo me tenía paralizado y no era capaz de pensar frente a aquel individuo, que debía de ser descendiente directo de algún guerrero vikingo.

–Es que necesito ir al baño.

El tipo me miró de arriba abajo, como si estuviera examinando a un insecto. Mediría más de uno ochenta y tenía pinta de estar más tiempo en un gimnasio que en una tienda de peluches. Con un simple manotazo me podía enviar al otro mundo. Mi aspecto inofensivo le hizo picar el anzuelo.

–Esto es un almacén. El lavabo está allí –me señaló con el brazo.

Desaparecí antes de que aquella mole cambiara de opinión y me triturara. Me metí en el servicio, esperé un par de minutos y volví a salir. El tipo seguía al final del pasillo, con los ojos fijos en mis movimientos. Lo saludé con una sonrisa estúpida que él no se molestó en devolver y regresé a la tienda. Alicia me estaba esperando medio histérica porque el dependiente acababa de despedir a las señoras y se nos acercaba justo en ese momento. Compré un pequeño osito verde de peluche para disimular y salimos a la calle.

–¿Qué vas a hacer con ese oso?

–Es para ti.

Nos largamos de allí como alma que lleva el diablo. Alicia no se atrevió a preguntarme nada hasta que cruzamos un par de calles y desembocamos en la plaza de la librería, en uno de cuyos bancos nos sentamos, a la sombra de un árbol.

–Bueno. ¿Me vas a contar lo que has visto o no?

–Claro.

Le narré lo que había descubierto en el almacén y la cara de Alicia se fue ensombreciendo a medida que avanzaba en mi relato. Nos levantamos y comenzamos a caminar en silencio, Alicia con el osito y yo con el libro.

Cuando llegamos a casa de su tía, sus padres ya nos estaban esperando en el coche. No me enteré de nada de lo que se habló durante el trayecto de regreso. No paraba de dar vueltas a la misma idea: regresar a la tienda de juguetes y descubrir lo que se ocultaba en el cuarto de los muñecos.

Mis padres habían alquilado *El gran dictador* de Charles Chaplin, una parodia en blanco y negro sobre Hitler, y estaban preparando una velada de cine al aire libre.

Mi hermana y mi madre habían colocado el televisor junto al ventanal que daba al jardín y dispuesto la mesa y las sillas en semicírculo, bajo el ficus y de cara a la pantalla. Sobre la mesa, una bandeja con bocadillos de atún y una jarra de zumo.

Yo no tenía ninguna gana de ver cine, pero no quise ser aguafiestas y simulé participar en la diversión familiar. Alicia y yo habíamos acordado tomarnos la noche libre con el fin de recapacitar y esperar a la mañana para tomar alguna decisión.

Trataba de meterme en la película, pero no era capaz de enterarme de nada. Mis padres y mi hermana no paraban de reír y de hacer comentarios. Incapaz de llegar al final de la película, les dije que estaba cansado y me retiré a mi cuarto.

Entré en mi habitación sin encender la luz, me desnudé en silencio y me asomé por el ventanal antes de meterme en la cama. La noche estaba azul y en lo alto una luna completamente llena iluminaba el mar.

Me acababa de tumbar sobre las sábanas cuando mis ojos repararon en un objeto que descansaba encima de la mesa. Me levanté y me acerqué con curiosidad. ¡Una carta! *Para Daniel.* Y sin remitente.

Bajé rápidamente al jardín, sin haber abierto el sobre, y pregunté a mis padres y a mi hermana quién había dejado una carta en mi habitación. Apenas me miraron. Dijeron que no sabían nada de ninguna carta y que me estaba perdiendo una película buenísima. Enseguida se olvidaron de mí y siguieron a lo suyo.

Regresé a mi cuarto y me quedé de pie frente a la mesa. El sobre seguía allí. Misterioso. Amenazador.

Lo abrí con mano temblorosa y desplegué la cuartilla que contenía.

«Te espero esta noche a las doce en la puerta del cementerio».

¡Faltaba solo media hora!

El corazón comenzó a latirme con violencia. Alguien había entrado en mi cuarto sin que nadie lo advirtiera.

Por mi mente empezaron a desfilar posibles remitentes, pero, por más vueltas que le daba, no conseguía aclarar nada. Alicia no podía ser. Había estado conmigo todo el día y además no necesitaba andarse con tanto misterio. Tampoco tenía sentido que se tratara de Teresa o alguno de la pandilla, porque cualquiera de ellos podía darle el sobre a mi madre o a mi hermana. O usar el móvil directamente, como hace la gente normal. Otros personajes como Palmira, don Matías o el teniente Vidal, por ejemplo, quedaban descartados. Ninguno de ellos actuaría de forma tan sibilina.

¿Y si fuera el asesino de Ángel y Ricardo? ¿Y si se trataba de alguien dispuesto a acabar conmigo? Recordé la amenaza recibida días atrás y me asusté.

Las cosas habían ido ya demasiado lejos y no era posible la vuelta atrás, así que, pasara lo que pasara, tomé la determinación de acudir a la cita.

Volví a vestirme y salí al jardín, donde mi familia continuaba disfrutando con su sesión cinematográfica. Inventé que se me había olvidado el móvil en casa de un amigo y prometí regresar enseguida.

Caminé por las calles del pueblo como un sonámbulo. Evité pasar por la plaza para no encontrarme con los de la pandilla y pronto dejé las últimas casas. Enseguida divisé el cementerio con sus dos gigantescos eucaliptos presidiendo la entrada.

Me acerqué con sigilo, tratando de no hacer demasiado ruido. Un perro ladraba en la lejanía. De repente me di cuenta de que no había tomado ninguna precaución, ni siquiera había cogido un cuchillo o una navaja. ¿Y si fuera una trampa?

Las sombras se cernían sobre mí como espectros amenazadores. Nada más llegar ante la verja de la entrada oí un sonido de pasos apagados tras el segundo eucalipto y me volví atemorizado.

Capítulo vigésimo primero

Deja en paz a los muertos

La figura salió de detrás del árbol y, en completo silencio, comenzó a acercárseme lentamente. Vestía de negro y llevaba la cabeza cubierta con un velo. Los perros habían dejado de ladrar, como un presagio de muerte, y me pareció que la luna se había ocultado tras una nube. Alrededor, la oscuridad y el silencio eran totales. Aquel ser fantasmal podía liquidarme con absoluta impunidad y nadie sabría jamás lo sucedido.

Cuando estaba a dos pasos de mí, se detuvo.

–¿Quién eres? –pregunté.

Por toda respuesta, la figura se quitó el velo y dejó al descubierto su rostro. Por un momento, creí que la imaginación me estaba gastando una broma.

–¡Adela!

La mujer asintió silenciosamente. En medio de la oscuridad, me pareció que su boca se curvaba en un ensayo de sonrisa.

–¡No entiendo! –exclamé.

–Lamento todo esto –dijo con voz suave–. No quería asustarte.

Yo me había quedado sin capacidad de reacción.

–Era del todo imprescindible que nadie supiera de este encuentro. Vi a tus padres y a tu hermana salir de casa a media tarde y aproveché para colarme por la ventana de la cocina que da a la parte trasera de la vivienda. Luego no fue dicífil encontrar tu cuarto y dejar el mensaje.

La luz de la luna volvía a iluminar con su blancura fantasmal. El rostro de Adela parecía el de una imagen de cera.

–Yo fui quien te mandó aquel mensaje conminatorio.

–¡Usted! –exclamé incrédulo.

–«Deja en paz a los muertos o muy pronto serás uno de ellos». Lo recuerdo punto por punto.

–Me temo que no entiendo nada. ¿Por qué?

–Tú crees que mi marido recibió una misiva anónima similar a la tuya. ¿Verdad? Es lo que te aseguramos. Te lo dijo Teresa y te lo confirmó Basilio.

Hizo una breve pausa.

–Sin embargo, no sucedió así. Fue el propio Basilio el que escribió la nota y la puso en nuestro buzón. Solo yo sé que nos estaba engañando.

–¿Quiere decir que su marido se escribió una carta amenazándose a sí mismo?

–Basilio estuvo dos días en cama, herido y con fiebre. Cuando vinieron por casa la Policía y la Guardia Civil, no pudieron relacionarlo con la desaparición de Ricardo y Ángel. Yo misma dije que él no había salido de casa aquella noche porque llevaba unos días enfermo. Fue una reacción natural la de protegerlo. Basilio no me contó nunca lo que sucedió realmente, pero no tuve necesidad de preguntárselo. Una noche de aquellas comenzó a delirar y yo supe, gracias a su delirio, que Ricardo y Ángel nunca regresarían porque habían sido asesinados.

–¿Y qué decía la nota que su marido se escribió a sí mismo?

Adela sacó la misiva y la desplegó ante mis ojos.

«Olvídate de los muertos o pronto te reunirás con ellos».

–Es muy parecida a la mía –exclamé.

–Mi marido nunca me dijo que la había escrito él.

–¿Y cómo se enteró usted?

–Una mujer asustada es capaz de descubrir detalles que otros no ven. Basilio andaba como trastornado, no comía y dormía mal. Yo no hacía más que observarlo. Una tarde, sin que él se diera cuenta, lo descubrí metiéndose en el cuarto de Teresa. Al poco rato salió con algo en las manos. Fue a la calle y se acercó al buzón, miró alrededor para asegurarse de que nadie lo estaba viendo y metió la carta por la ranura. Luego desapareció. Yo esperé más de quince minutos y, cuando estuve segura de que me encontraba sola, abrí el buzón y leí la nota. La dejé donde estaba y entré en el cuarto de mi hija. No tardé en encontrar el cuaderno de donde había arrancado la hoja y el rotulador azul con el que había escrito la amenaza.

Cada vez entendía menos aquella endemoniada historia. Sentía que me hallaba en medio de un enorme lodazal de arenas movedizas y que cuanto más braceaba por salir a la superficie más me hundía en la confusión.

–Un momento –atajé–. ¿Y por qué escribió Basilio una carta amenazándose a sí mismo?

–Las cosas no sucedieron como mi marido te contó. Esa es la versión que él nos ofreció después a mi hija y a mí, la que hemos querido dar por buena. Pero todo ocurrió de otro modo.

Habíamos ido caminando poco a poco hacia el mar mientras conversábamos. Adela se sentó sobre una roca y yo la imité.

–Mi marido tenía que ausentarse a menudo por motivos de trabajo. A veces se marchaba por la noche. Decía que era algo relacionado con una empresa alemana que se dedicaba al turismo y la construcción. Se trataba de un trabajo muy raro y yo nunca sabía exactamente ni dónde estaba ni con quién se relacionaba. Cuando me enteré de la verdad, era demasiado tarde.

Había dejado de mirarme mientras hablaba. Sus ojos estaban perdidos en el mar.

–Basilio se había metido en el tráfico de droga. La traían del norte de África en barcos mercantes y la descargaban en un yate a unos cuantos kilómetros de la costa. Luego acercaban el yate a la orilla, donde Basilio esperaba haciendo señales de luz. La mercancía era descargada rápidamente y él se ocupaba de camuflarla. Aquella noche maldita, algo se cruzó en la ruta de los traficantes.

–Ricardo y Ángel.

–Exacto. Su propio hermano lo había descubierto. Ricardo y Basilio se enzarzaron en una violenta discusión, seguramente porque los cómplices de mi marido no querían dejar testigos. Las palabras de Basilio durante su delirio eran confusas, como piezas sueltas de un rompecabezas, pero a través de esas frases inacabadas que profería en su inconsciencia, atacado por la fiebre, yo logré reconstruir lo que más o menos había pasado aquella maldita noche. O tú o ellos, debieron de gritarle amenazándolo con una pistola. Ricardo golpeó a Basilio, mientras lo insultaba, y en el forcejeo sucedió la tragedia. El propio Basilio fue el que le clavó sin querer el arpón a su hermano en el estómago. Ángel, espantado, se puso a gritar, y el que llevaba la pistola le disparó. Cuando Basilio se dio cuenta de lo que había hecho, quiso acabar con sus compinches, pero estaban esperando una reacción como la que tuvo y le lanzaron un arponazo que, por fortuna, solamente le rozó la cintura. Basilio aún acertó a clavarle a uno de ellos un cuchillo en el vientre antes de lanzarse al agua. Llegó a casa herido y aterrado mientras los traficantes se dedicaron a hacer desaparecer los cuerpos de Ricardo y Ángel.

–¿Y para qué escribió la carta?

–Para justificar ante mí y ante nuestra hija que no podía denunciar nada a la policía. Basilio no podía confesar a nadie lo que había pasado realmente. Se sentía culpable y estaba asustado. Además debió de pensar que realmente los tres corríamos un gran peligro. Sobre todo, Teresa. Fue su coartada para hacernos desaparecer a las dos durante un par de meses.

–¿Dónde fueron?

–Estuvimos viviendo con una prima mía en Granada.

–¿Por qué me metió a mí en este asunto con aquella carta?

–Cuando Teresa contó lo de la Cueva del Moro, yo me asusté y quise prevenirte de que no debías jugar con el nombre de Ángel. Aquella historia aún no está olvidada y hay demasiada gente pendiente de ella.

–¿Y por qué me ha contado todo esto hoy?

–Porque hemos decidido irnos del pueblo. No podemos seguir viviendo aquí.

–¿Se van? ¿Así? ¿De repente? ¿Y su marido?

–Se viene con nosotras a Valencia. No tenemos más remedio que llevarlo a que lo vean los médicos. Necesita mayor atención. En realidad, hay que internarlo en un hospital especializado, aquí no puede seguir con su tratamiento.

–¿Tratamiento? ¿Qué tratamiento?

Adela me miró profundamente y suspiró. Por un momento, me pareció estar contemplando el bellísimo rostro de su hija.

–Nos vamos porque mi marido está enfermo. Muy enfermo. Y antes de marcharnos quería que conocieras toda la verdad. Teresa ignora que su padre mató a su propio hermano y que presenció la muerte de Ángel. Tampoco sabe que estuvo metido en el mundo del tráfico de drogas. Ella cree que su padre es un hombre excelente que ha sufrido mucho. Y quiero que ese sea su recuerdo.

–¿Qué es lo que le pasa a su marido?

Ella desvió los ojos hacia la negrura y bajó la voz antes de hacerme la última confesión.

–Tiene cáncer.

Las primeras luces comenzaron a filtrarse por la persiana cuando aún no eran las ocho.

A las once, tal como habíamos quedado, Alicia y yo nos juntamos en el bar de Nicolás. Compramos dos helados de nata y, después de tomar asiento bajo el enorme magnolio de la plaza, le conté mi conversación con la madre de Teresa la noche anterior.

–Eso confirma varias cosas –dijo Alicia tras un breve silencio–. Que Ángel y Ricardo fueron asesinados y que los criminales están libres.

–Y además sabemos quiénes son –agregué.

Alicia me miró fijamente.

–Creo que lo mejor será denunciarlo a la Guardia Civil –exclamó.

–Primero deberíamos asegurarnos.

–¿De qué?

–Estoy convencido de que guardan algo en el almacén de la juguetería. ¿Recuerdas los muñecos de los que te he hablado? ¡Eran como los muñecos de mis pesadillas!

–Bueno, pues me estás dando la razón. Avisamos a la Guardia Civil y ya está.

–¡Tenemos que estar completamente seguros! Imagínate que van y no encuentran nada. Eso solo serviría para poner sobre aviso a los delincuentes.

Fuimos a dar un paseo por el muelle con la intención de aclarar las ideas y tomar una decisión. Nos tropezamos con Gaspar y su hermana, que venían en bici.

–¡Eh, chicos! –anunció Raquel–. ¡Estamos avisando a toda la pandilla! Esta tarde Teresa nos ha invitado a su casa para decirnos algo muy importante. ¡Nos ha pedido que no faltemos ninguno!

Alicia y yo ya sabíamos para qué quería reunirnos Teresa, pero no dijimos nada.

–¡Está bien! –exclamé–. ¡Allí nos veremos!

–¡A las cinco! –gritó Raquel antes de desaparecer.

Comenzamos a deambular por Gélver como dos gatos aburridos. De pronto el vehículo de la Guardia Civil se paró a nuestro lado, se abrió la portezuela del copiloto y bajó el teniente Vidal.

–¡Mira a quién tenemos aquí! –vociferó en mitad de la calle.

–¡Buenos días! –saludé.

–Vaya. Me alegro mucho de encontraros.

El teniente encendió un cigarro con parsimonia, se atusó el inmenso bigote y se quedó mirándonos con malicia.

–¿Qué? ¿Cómo va esa historia?

Me estremecí. Lo primero que pensé fue que la «historia» era la de Ángel Rosé. Menos mal que Alicia reaccionó rápidamente.

–¿La historia del cazador para el trabajo del instituto? –preguntó ella con una sonrisa angelical.

–Pues claro. ¿Qué otra historia iba a ser? –preguntó mirándonos fijamente con sus ojos de hierro el teniente; luego, tras una intensa pausa, añadió–: Me gustaría invitaros a un refresco. Hace un calor insoportable.

–No, por favor, déjelo –protesté débilmente.

–No es ninguna molestia. Al contrario, será un placer.

Y ante nuestra sorpresa, el conductor se bajó del coche, abrió la puerta trasera del vehículo y nos indicó que subiéramos.

–En mi despacho estaremos más fresquitos –aseguró Vidal con una risita venenosa.

El guardia puso la primera y el Land Rover arrancó con un rugido infernal. O eso me pareció a mí. A mi lado, Alicia había empezado a morderse las uñas.

La mesa del pequeño cuarto seguía abarrotada de papeles. El teniente apartó el teclado del ordenador, ladeó el flexo y puso a un lado una carpeta azul enorme. Uno de sus hombres entró con una pequeña bandeja en la que traía tres Coca Colas. El teniente Vidal le pidió al agente que nos dejara solos mientras nos pasaba las latas. Él abrió la suya y la liquidó de un solo trago.

–¿Y bien? ¿No tenéis nada que contarme?

Alicia y yo nos miramos desconcertados.

–¿Qué quiere saber? –preguntó valientemente Alicia.

–Lo que os traéis entre manos –dijo sin sonreír–. Creéis que podéis engañarme, ¿no es así? ¿Qué es esa historia del trabajito del instituto? –me miró con ojos de lobo–. ¡Tus padres no saben nada de esa monserga, así que ya puedes ir cantando! ¡Quiero una respuesta seria!

Se llevó el bote de refresco a la boca y, al comprobar que estaba vacío, hizo una mueca de fastidio.

–¡Gutiérrez! ¡Trae otra Coca Cola!

El guardia entró enseguida con otra lata, la puso sobre la mesa y desapareció sin decir nada. El teniente Vidal abrió el refresco y echó un buen trago.

–¿Entonces? –gruñó mientras se limpiaba el bigote.

–Usted perdone –susurré–. Es que el trabajo lo llevo en secreto, por eso no saben nada en mi casa.

–¡Y una mierda! –dio un puñetazo sobre la mesa– ¿Te crees que soy idiota?

–Daniel quiere estudiar periodismo –inventó Alicia–, y ha pensado investigar sobre algún caso curioso, ya sabe, lo típico de un reportero que debe seguir un rastro.

El teniente se levantó y empezó a pasear furioso.

–Mis hombres os vieron en El Herreral, en la tienda de Benito, y sé que estuvisteis preguntando por un muerto.

Yo tenía un nudo en la garganta y a mi lado Alicia había dejado de respirar. Vidal me apuntó con el dedo.

–También sé que has estado haciendo averiguaciones sobre una matrícula.

Aquello no me lo esperaba.

–Land Rover Discovery. AL-4384-S.

Permanecí en silencio, mirando hacia el suelo.

–¿Es que no tienes nada que explicar?

–Pues no –manifesté tímidamente, alzando los ojos–. No creo que hayamos cometido un delito.

–Tengo demasiados problemas, ¿sabes? No quiero que un aprendiz de detective meta las narices donde no lo llaman. ¡Dejad inmediatamente esta historia! ¡Es una orden!

Por el rabillo del ojo vi que Alicia se estaba haciendo sangre en el índice derecho. Me puse en pie dándole un pequeño codazo para que me imitara.

–¡Está bien! –acepté–. Pero a partir de mañana. Tengo el trabajo prácticamente terminado. Solo necesito que me dé un pequeño plazo, lo que queda de este día.

El teniente Vidal me miró con furia contenida. Parecía echar fuego por los ojos.

–¿Cómo te atreves? –chilló.

No sé de dónde saqué el coraje.

–Son las dos. Solo necesito diez horas. Hasta las doce de esta noche.

–¡Largo de aquí! –rugió el teniente Vidal.

–Gracias por las Coca-colas –exclamó Alicia.

Nos despedimos en la puerta de la casa cuartel y quedamos en casa de Teresa a las cinco.

Capítulo vigésimo segundo

La vida es un mal rollo

MIENTRAS comíamos, yo no paraba de darle vueltas a la entrevista con el teniente Vidal. Al parecer, había estado siguiendo mis pasos. ¿Por qué? ¿Por qué esa hostilidad hacia mis investigaciones? ¿Es que trataba de ocultar algo? ¿Estaría compinchado con los malhechores? Solo había una forma de averiguarlo y yo estaba dispuesto a llegar hasta el final.

Me tumbé a dormir la siesta, pero no fui capaz de relajarme. Aún no habían pasado quince minutos cuando decidí levantarme y salir a la calle. El destino, la casualidad o el subconsciente me condujeron hasta la casa de Palmira. Estaba a punto de dar media vuelta y largarme de allí cuando ella abrió la puerta.

–¡Qué sorpresa! –exclamó alegremente–. ¡Te he visto a través del ventanal!

–Espero no molestarla.

–No seas cumplido. Pasa.

Nos sentamos en el sofá, frente a frente. Palmira acababa de comer y había preparado un poco de té. Me sirvió sin preguntarme. Luego conversamos sobre cosas intrascendentes, hasta que el silencio se interpuso entre los dos. Finalmente, lo rompí por donde más me interesaba.

–¿Por qué no me habla de su hijo?

Palmira me miró con asombro. Durante unos instantes pareció desconcertada. Sorbió un poco de té, encendió un cigarrillo y, tras expulsar el humo, sonrió.

–¿Qué quieres saber?

–Quiero conocerlo. Hábleme de esa facultad de hablar con su padre muerto.

–No se lo conté nunca a nadie, ni siquiera a Ricardo. Era un secreto entre él y yo.

–¿Y por qué me lo confesó a mí?

Suspiró levemente.

–¿Por qué no? Ya no tengo a nadie a quien contarle mi vida.

Sus ojos se posaron en los míos con tristeza. Le sostuve la mirada y por un momento vi en ella la cara de su hijo: los ojos azules como el agua del mar, la piel pálida, el pelo ensortijado y rubio, la misma expresión de desasosiego en el rostro.

–Muchas veces –prosiguió–, durante estos interminables meses, me he despertado en mitad de la noche con la sensación de que Ángel regresaba desde el más allá. Me levantaba angustiada, con el corazón desbocado, abrazando sombras y musitando su nombre. Yo sé que es él que regresa para hacerme compañía y que vela mis sueños. En ocasiones su presencia se me hace tan poderosa que llego a sentir cómo me toma de la mano y me besa en la frente.

Miré involuntariamente hacia la repisa de la chimenea y descubrí que junto a la fotografía de Ángel y Ricardo había otro retrato. Me acerqué y comprobé que se trataba de Pau y Palmira con un niño recién nacido. Tomé la fotografía entre mis manos.

–Es del día en que nació Ángel, el más feliz de mi vida.

Palmira aparecía en la cama con un bebé entre los brazos. Sentado en el borde del lecho, Pau Rosé sonreía con la expresión franca del padre que rebosa felicidad. El retrato había sido tomado en la habitación que ahora ocupaban mis padres. Le di la vuelta casi sin darme cuenta y observé una fecha escrita con pluma y caligrafía preciosista.

–¿Esa fecha…? –pregunté con un escalofrío.

–Sí, mi hijo nació el 20 de marzo del año 1997, a las dos del mediodía.

Las piernas y las manos comenzaron a temblarme. Dejé el retrato, antes de que se me escurriera de entre los dedos, y me apoyé en la chimenea para no caerme. Palmira se asustó.

–¿Qué te ocurre, Daniel?

–¡Es el mismo día y la misma hora de mi nacimiento!

Me senté en el sofá, completamente aturdido.

–¿Tú también naciste el 20 de marzo de 1997?

–Y a las dos del mediodía –agregué–. Lo sé porque mis padres nos regalaron a mi hermana y a mí unas medallas de oro con los datos grabados.

Nos quedamos en silencio durante un buen rato. Palmira aprovechó para entrar en la cocina y preparar más té. Fue entonces cuando lo vi, detrás del ventanal, de pie junto a una de las palmeras. Me acerqué con rapidez hasta la puerta y grité su nombre.

Palmira salió de la cocina alarmada por mi voz.

–¡Daniel! ¿Qué te ocurre?

El jardín estaba vacío. Cuando ella llegó a mi lado, me encontró apoyado sobre el marco de la puerta. Las nubes proyectaban una extraña sombra alrededor.

–¿Qué ha pasado? –preguntó Palmira.

Sentí que las piernas me fallaban y me tambaleé al apartarme de la pared. Palmira me cogió entre sus brazos antes de que diera con mi cuerpo en el suelo. Me obligó a sentarme en el sofá y me amenazó con avisar a mi padre si no le contaba lo que me había sucedido.

–Debe de haber sido el sol, el calor… Creo que me he mareado.

Palmira se sentó a mi lado, me tomó la mano y comprobó el pulso. Luego puso su palma derecha en mi frente y se aseguró de que no tenía fiebre.

–¿Qué te pasa, Daniel? ¿Me lo vas a contar?

Estaba tan confundido que no sabía qué decir.

–Creo que me ha parecido ver a alguien ahí fuera –alegué–. Seguramente sería algún niño.

Mi voz sonaba débil. Palmira frunció el ceño, incrédula, y me habló con severidad.

–Daniel… ¿Lo has visto?

Sentí un ligero escalofrío.

–Si he visto a quién –pregunté azorado.

Palmira se levantó. Encendió otro cigarrillo y me dio la espalda. Llevaba un traje negro ceñido y me pareció más delgada que otras veces.

–¿Has visto a mi hijo? –preguntó sin volverse–. ¿Eres capaz de comunicarte con él?

De repente sentí una tremenda lástima hacia Palmira, hacia Ángel y Ricardo, hacia todos los seres que formaban aquella historia y sobre todo hacia mí mismo. Me sentía vencido y necesitaba confesar.

–Creo que sí –admití finalmente.

Ella se volvió despacio, pálida y bella.

–¿Eres capaz de hablar con él?

–Lo he visto en varias ocasiones –confesé–. Incluso hemos cruzado algunas palabras. Antes me ha parecido verlo aquí, en el jardín, junto a las palmeras, pero, como usted misma ha podido comprobar, ha sido una falsa alarma. A veces he llegado a pensar que no son más que figuraciones mías.

Palmira se me había ido acercando lentamente. Se hallaba a menos de un metro de mí y podía percibir con toda intensidad su turbador aroma a fruta fresca.

–Hasta que no encontremos sus cuerpos no descansaremos ninguno de los dos –exclamé al fin.

Los ojos de Palmira parecían mirarme desde una lejanía azul. En silencio, levantó su mano, cálida y palpitante como un pájaro, y pasó sus dedos por mi rostro. Yo tenía la boca seca y el corazón agitado. Hubiera deseado que el mundo desapareciera alrededor de mí en ese momento; que el tiempo se detuviera. De pronto, sin decirnos nada, nos abrazamos con fuerza.

El timbre nos sacó de aquel abrazo desvariado. Era don Matías.

–Buenas tardes –saludó–. ¡Daniel! ¡Qué sorpresa tan agradable!

Tuve que reconocer que aquel hombre me caía cada vez mejor. No sabría decir por qué. Sería la cojera o el olor a colonia barata al que me había acostumbrado, o la sencillez con que se desenvolvía. Conversamos durante un rato sobre asuntos banales, hasta que miré mi reloj y vi con aflicción que eran más de las cinco.

–Tengo que irme –dije levantándome–. Me están esperando los amigos.

Me acompañaron hasta la puerta.

–Por cierto, don Matías, quisiera pedirle un favor.

–Tú dirás.

–Necesito ir a Vera esta noche. ¿Cree que podría acercarme con su coche?

–No faltaba más –exclamó con una sonrisa franca–. ¿A qué hora quedamos?

–A las diez. En su casa.

Y antes de que me hicieran alguna pregunta indiscreta, crucé el jardín, abrí la cancela y desaparecí bajo la tarde. Ellos permanecieron un rato en la puerta. Les alcé el brazo desde lejos y me devolvieron el saludo. Luego se metieron en casa y yo me dirigí rápidamente a la de Teresa.

Llegué pasadas las cinco y media. Milton esta vez no me hizo el menor caso y se limitó a mirarme con indiferencia desde su refugio. Dentro de la casa se habían congregado todos los amigos alrededor de la gran mesa del comedor, donde Adela y Teresa habían dispuesto velas olorosas y ramos de flores junto a unos refrescos y unos aperitivos.

Teresa dio una voz para llamar la atención y, cuando todo el mundo hubo callado, comenzó a explicar lo que yo ya sabía por su madre. Aseguró que su estancia en Valencia no sería definitiva y que antes de tres o cuatro años volverían a Gélver. El resto de la reunión fue un río de abrazos, llantos, besos y juramentos de fidelidad.

Gaspar no podía ocultar la decepción.

–Me temo que tendrás que buscar otra futura alcaldesa –le dije en plan de broma.

Me miró con ojos de niño extraviado. Le di una palmada en la espalda y le dije a modo de consuelo que la vida estaba llena de contrariedades.

–La vida es un mal rollo –sentenció Gaspar filosóficamente.

Los ojos verdes de Teresa me buscaron entre la multitud. Sentí el cuchillo de sus pupilas clavándose fatalmente en mis ojos. Cruzó entre la gente y se plantó ante mí. Estaba radiante.

–Bueno, Daniel. Que tengas suerte.

–Lo mismo te digo.

–No te olvidaré nunca –me susurró en voz baja, devorándome con los ojos.

Tragué saliva.

–Creo que yo tampoco –balbuceé.

Inesperadamente, se me acercó y depositó un suave beso en mis labios. No pude evitar ruborizame. Los demás estallaron en un aplauso infernal. Por encima de las cabezas que me rodeaban, acerté a distinguir cómo Alicia abría la puerta y se precipitaba a la calle.

Farfullé un montón de incoherencias, tiré algo al suelo y me escabullí en su busca. Eché a correr tras ella, hasta que la alcancé un par de calles más allá.

–¡Alicia! ¡Espera!

Se detuvo. Cruzó los brazos y me dio la espalda.

–¿Se puede saber qué te ha pasado? –pregunté casi sin resuello.

–¡Estarás contento! –me espetó furiosa, dándose la vuelta y encarándose conmigo–. La chica más sexy del planeta te ha dado un beso en los labios. ¿Ya le has declarado tu amor?

Fue en ese preciso momento cuando me di cuenta de que estaba enamorado. La tomé por los hombros y la miré dulcemente a los ojos. Hubiera querido decirle muchas cosas, pero no encontré palabras para expresar todo lo que sentía por ella. Me incliné poco a poco sobre sus labios y la besé con ternura. Ella cerró los ojos, me envolvió con sus brazos y me entregó su boca.

Capítulo vigésimo tercero

Un penetrante olor a hierbas podridas

A las diez de la noche nos presentamos Alicia y yo en casa de don Matías, que nos esperaba con una sorpresa.

–¡Palmira! –exclamamos los dos al mismo tiempo.

–Espero que no tengáis inconveniente en que llevemos a bordo a un polizón –bromeó don Matías.

–Me apetece salir de Gélver un rato –dijo Palmira–. Hace un tiempo estupendo. Matías me ha invitado a dar un paseo y me ha parecido una buena ocasión para respirar un poco de aire fresco.

Montamos en el coche de don Matías, un Renault, y partimos hacia Vera. Ni él ni Palmira trataron de sonsacarnos el motivo de aquella inesperada excursión. Nos separamos en una plaza donde las cafeterías tenían servicio de terraza. Palmira y el maestro se sentaron en una de las mesas que quedaban libres, y antes de que el camarero se acercara, prometimos que volveríamos en menos de una hora y desaparecimos entre la gente.

–¿Qué vas a hacer? –me preguntó Alicia una vez doblamos la primera esquina.

–Voy a entrar.

Ella me miró con ojos espantados.

–¿Dónde?

–Ya lo sabes. En la juguetería.

–¿Estás loco? ¿Para qué? ¿Y cómo? ¿Es que piensas hacerte invisible?

–Tengo mis métodos.

Saqué una navaja multiusos y se la mostré.

–¿Qué es eso?

–En mi barrio hay gente muy rara. Tengo un amigo llamado Sebas, un compañero del instituto, que tiene un hermano que está en la cárcel. Es profesional del robo a domicilio.

–¿Cuál de los dos?

–El hermano del Sebas, ¿quién va a ser? Pero mi amigo conoce todo el rollo del hermano. Es capaz de abrir la tumba de Franco con un destornillador.

–No sabía que te juntaras con delincuentes.

–El Sebas no es ningún delincuente. Saca notables y sobresalientes en todo. Quiere ser ingeniero de telecomunicaciones.

–Bueno, es igual. ¿Y si te pillan?

–Si tardo más de media hora en salir, avisa a don Matías con el móvil. Toma, apunta su número. Y que llame a la policía.

Cruzamos cuatro o cinco calles más y desembocamos en Isabel la Católica, que afortunadamente no era una calle muy concurrida. La tienda había echado abajo el cierre metálico, pero antes de entrar comprobamos que el Land Rover no se hallaba estacionado por la zona.

Nos apostamos junto a la puerta y apoyamos la cabeza y el oído con disimulo para cerciorarnos de que el local estaba vacío. Cuando juzgué llegado el momento, le pedí a Alicia que se situara en la acera de enfrente y me agaché sobre el candado.

–¡Espera! –me gritó al oído–. ¿Y si hay alarma?

–No hay alarma –respondí fríamente–. Ya me fijé en eso cuando vinimos la otra vez.

Alicia se mordió los labios y, lanzándome una mirada suplicante que quería decir «ten cuidado», cruzó la calle y se escondió entre los coches.

Cuando comprobé que nadie podía verme, me incliné sobre el pasador y actué con rapidez. Forzar el candado me costó muy poco, luego subí el cierre metálico tratando de no hacer mucho ruido, manipulé la cerradura de la puerta interior, que se abrió enseguida, y bajé la exterior. La oscuridad más absoluta se cernió sobre mí. Permanecí en cuclillas durante varios minutos, tratando de acostumbrarme a la falta de luz hasta que mis pupilas se dilataron al máximo, pero aun así era incapaz de distinguir nada. Tratando de recordar cómo era el local, avancé muy despacio, procurando no tropezar con nada. No me fue difícil llegar hasta la puerta que daba acceso al pasillo interior. La abrí y observé una ligera claridad. Por alguna rendija se colaba un poco de luz de algún patio o casa vecina. Arrimado a la pared, fui recorriendo el lugar. Tanteé las puertas del cuarto de baño y del despacho, dejé atrás la del vestidor y por fin, cuando ya había perdido la noción del tiempo, mis manos tropezaron con la puerta del almacén.

Agucé el oído y escuché el silencio más absoluto. Lentamente giré el pomo, con cuidado de no hacer ruido, y abrí lo suficiente para poder pasar. Me recibió un tufo a plásticos, gomas, pinturas, cartones, y otro aroma dulzón y penetrante que no supe reconocer. Saqué mi pequeña linterna, me agaché y la encendí apuntando hacia el suelo.

El minúsculo círculo de luz ni siquiera abarcaba una baldosa entera. Fui levantando mi brazo poco a poco para ampliar el radio de iluminación, pero a medida que elevaba la linterna, el disco de luz se iba volviendo más tenue. Tenía que acercarme a un palmo de los objetos para reconocerlos.

Alumbré las estanterías de la pared y los vi. Muñecos de plástico, mirándome a los ojos. Inmóviles, sonrientes, amenazadores. Como máscaras. De repente me pareció que todos tenían el mismo rostro. El inconfundible rostro de Ángel Rosé. Ahogué un grito y la linterna se me cayó al suelo. Me quedé a oscuras, sin atreverme a recogerla. Atravesando la oscuridad, llegaba hasta mí el brillo de los ojos sin vida de los muñecos.

Por fortuna, la linterna no se había roto. La recogí con cuidado y continué con mi inspección. Observé que todas las estanterías estaban repletas de aquellos extraños monigotes amontonados y fuera de sus cajas. Pisé algo blando y escuché una risa espeluznante. Alumbré y vi el rostro deforme de un muñeco que me sonreía grotescamente.

Junto a la última estantería distinguí una estrecha puerta cerrada con llave. Manipulé la cerradura con mi navaja y no tardé ni quince segundos en vencer su resistencia. Empujé la portezuela y el extraño olor dulzón que flotaba por todo el local se me hizo insoportable.

El miedo me tenía casi paralizado, pero no podía retroceder. Apunté con la luz hacia el interior y descubrí una pila enorme de cajas. ¡Las cajas de los muñecos! Estaban selladas y ordenadas unas sobre otras, como una enorme montaña de cubos. Tomé una de las de la parte superior. La acerqué a mi oído y la sacudí, pero no escuché nada. Con la navaja rasgué el precinto y rompí el cartón. Para mi sorpresa, no apareció ningún muñeco sonriente y enigmático. Lo que había en su interior era una bolsa de plástico oscuro que desprendía un penetrante olor a hierbas podridas.

De pronto, oí voces y pasos.

Dejé la caja y busqué dónde esconderme, pero en mi precipitación empujé algo que cayó al suelo y el pánico se apoderó de mí. Las voces se convirtieron entonces en gritos y los pasos en carreras. Quienes fuesen los que acababan de llegar no tardarían en sorprenderme como a un ratón asustado, por lo que decidí jugarme el todo por el todo.

Cogí la bolsa de plástico que había sacado de la caja y eché a correr a oscuras por el pasillo hacia la calle. A mi espalda sonaban maldiciones, se abrían puertas y se encendían luces. Cuando estaba alcanzando la tienda se iluminó todo el establecimiento y escuché la voz de hielo del vikingo ordenándome que me detuviera. Dudé. En unas fracciones de segundo tenía que decidirme. Me di la vuelta y descubrí a cuatro tipos con caras de pocos amigos: el tiarrón de la coleta, el enano pelirrojo, el dependiente de la tienda y un tipo que parecía gitano y que no había visto nunca.

–¡Quédate donde estás y no hagas tonterías! –exigió el enano, con acento alemán.

Yo sabía que si me quedaba quieto sería pasto de los peces, así que abrí la puerta de cristal y traté de levantar el cierre metálico tras el cual estaba la libertad, pero apenas tuve tiempo de contemplar el rostro horrorizado de Alicia en la parte contraria de la calle porque una mano de hierro me atrapó por el cuello, me alzó en el aire y me lanzó contra un anaquel lleno de peluches. Antes de ponerme en pie por mis propios medios, una grúa de carne me levantó del suelo y me sostuvo durante unos instantes en vilo. Era el tipo de la coleta. Tenía los ojos inyectados en sangre y podría haberme aplastado en ese momento si hubiera querido.

–¿Quién coño eres tú? –preguntó el enano.

Yo seguía en el aire, sostenido por aquellos brazos de halterófilo, buscando una respuesta convincente que me sacara del apuro, pero antes de que yo respondiera nada el enano hizo una seña para que aquel tipo me dejara en el suelo. El vikingo me cogió por el cuello con una de sus manazas y me obligó a mirar al jefe.

De repente el alemán me soltó una bofetada tremenda que me hizo volver la cara.

–¡Tienes diez segundos para decirme cómo te llamas y qué haces aquí!

El tipo con pinta de gitano bajó el cierre metálico de la calle mientras el enano me arrancaba con brusquedad la bolsa de plástico de la mano y me lanzaba su fétido aliento a la cara.

–He entrado a robar un muñeco –improvisé–. Mañana es el cumpleaños de mi hermana y no tengo dinero.

Los cuatro hombres me miraron con una mezcla de desprecio y estupor.

–Este monigote es el que encontré ayer aquí –gruñó el gigante.

–Sí, yo también lo recuerdo –añadió el dependiente–. Entró por la tarde con una muchacha y se llevó un oso de peluche.

El enano estaba rojo de ira. Sus ojos parecían a punto de estallar. Hizo una seña al gitano y este sacó una navaja automática. La abrió, sin dejar de mirarme, y me la puso en el cuello.

–Te quedan cinco segundos –susurró siniestramente el alemán.

–¡Lo juro! –supliqué–. ¡Solo quería robar!

El enano me soltó otro bofetón de espanto.

–¿Y a dónde ibas con esto?

Me puso la bolsa ante los ojos.

–No sé ni lo que es –mentí desesperadamente, pues intuía lo que podía ser.

El gitano hincó la punta de la navaja en mi cuello hasta hacerme daño. Pensé que me iba a degollar allí mismo, como a una vulgar gallina.

–Está bien –dijo el jefe–. Tú lo has querido.

Hizo un gesto y el gitano, al instante, retiró la navaja. Entre él y el vikingo me ataron las manos a la espalda, me amordazaron y me taparon los ojos con un pañuelo. Luego sentí que el gigante me cargaba sobre sus hombros como si fuera un fardo, me sacaban del local y me subían a un vehículo que supuse sería el Land Rover Discovery.

Era el final. Aquellos tipos no tendrían escrúpulos en hacerme desaparecer, como habían hecho con Ángel Rosé, con Ricardo Torres, con Pedro Velázquez, el calvo, y seguramente con todos aquellos infelices que se hubieran cruzado en su camino.

El vehículo comenzó a rodar en dirección desconocida. Mis raptores y futuros asesinos iban en silencio, como si celebraran por anticipado mi funeral. Evoqué a mis padres y a mi hermana, que a aquellas horas estarían felices, ajenos a mi desdicha. Pensé en mi vida pasada, en mis amigos del instituto, en mi casa de Madrid, en Teresa, en Palmira, en don Matías… y en Alicia. He oído decir en alguna parte que uno rememora toda su vida cuando está a punto de morir. Algo así era lo que me estaba sucediendo. En mi mente se me amontonaban sin orden ni concierto multitud de imágenes, rostros, recuerdos, anécdotas y nombres que formaban parte de mi vida.

El traqueteo se hizo violento, por lo que deduje que habíamos dejado atrás las carreteras asfaltadas y nos estábamos internando en un camino de tierra.

Había perdido la noción del tiempo transcurrido cuando el vehículo se detuvo y el motor se paró. Me agarraron entre varios y, como si fuera un saco de desperdicios, me lanzaron violentamente al suelo. Sentí un enorme dolor en las costillas, pero no me importó demasiado porque intuía que lo peor estaba por llegar.

–Vas a saber lo que les ocurre a los niñatos que se pasan de listos –gruñó el enano.

Me encontraba en el suelo, completamente indefenso, esperando que aquellos tipos acabaran de un momento a otro con mis penalidades y, de paso, con mi vida. Iba a morir de un modo absurdo y no podía hacer nada para remediarlo. Alguien me quitó el pañuelo de los ojos. Cuando recobré la vista, pude comprobar que nos hallábamos junto al mar, en un lugar que no había visto nunca. Ahora solo eran tres mis captores. Faltaba el dependiente y supuse que debía de haberse quedado en la tienda. El gitano, a una indicación del jefe, me quitó la venda de la boca y pude respirar a pleno pulmón.

–¿Qué vais a hacer conmigo? –inquirí de sopetón–. ¿Lo mismo que con Ángel Rosé y con Ricardo Torres?

Los tres hombres se envararon. El vikingo me levantó con un zarpazo y me sujetó por el cuello mientras su jefe me trituraba con los ojos.

–Pero ¿de dónde ha salido el niñato este? –preguntó el enano a sus compinches.

Ya nada me importaba. Puesto que iba a morir, moriría con dignidad. Lo miré sin pestañear y le lancé todo mi desprecio.

–Podríais, al menos, concederme el último deseo antes de hacerme desaparecer.

Se miraron desconcertados.

–¿Dónde habéis escondido los cadáveres? –insistí con fuerzas renovadas.

Sentí que el gitano y el vikingo se impacientaban. El jefe, sin embargo, parecía estar divirtiéndose con la situación. Pidió silencio a sus hombres con un gesto de la mano y se me encaró. Su aliento era repugnante.

–¿Has estado jugando a los detectives? Lamento que tengas que morir. Se nota que eres un joven con mucho mérito, pero no nos has dejado otra opción.

El enano hizo una mueca imperceptible y el gigantón rubio me levantó del suelo con su brazo de gladiador romano. El gitano se me acercó como un animal felino, sacó su navaja automática y la accionó siniestramente ante mis ojos. Había llegado mi hora.

Pero entonces ocurrió algo inesperado.

De repente, varios reflectores iluminaron la noche y se oyó una voz, poderosa como un trueno, a través de un altavoz.

–¡Están rodeados por la Guardia Civil! ¡Arrojen sus armas al suelo y no se muevan!

Reconocí la voz del teniente Vidal. Instintivamente, aprovechando la sorpresa de mis captores y antes de que pudieran emplearme como rehén, me escabullí de entre las garras del vikingo y eché a correr como alma que lleva el diablo hacia los vehículos de la Guardia Civil con las manos atadas a la espalda.

–¡No me hagan repetir la orden o mandaré disparar! –rugió la voz metálica del teniente.

Súbitamente, los maleantes montaron en el Land Rover, lo arrancaron y salieron a toda velocidad, arramblando con ramas y arbustos.

Vidal y sus hombres comenzaron a disparar contra el coche de los bandidos. El vehículo hizo unas cuantas piruetas para sortear algunos árboles mientras las descargas de los guardias acribillaban los cristales, la chapa y las ruedas. El vehículo perdió el control y fue a precipitarse por el acantilado con un estrépito atronador.

Estaba tan impresionado por lo sucedido que no fui capaz de decir una sola palabra. Corrí con los demás hasta el precipicio, y cuando me asomé al vacío vi un espectáculo que jamás olvidaré: el Land Rover se había convertido en un amasijo informe de hierros y ardía bajo la noche en una hoguera fantasmagórica.

No sé cuánto tiempo pasó, hasta que una voz conocida me devolvió a la realidad. Junto a mí se arremolinaban mi padre, don Matías, Alicia, el teniente Vidal y unos cuantos agentes. Al fondo, cinco vehículos de la Benemérita iluminaban poderosamente la oscuridad.

Me pareció que todo aquello no podía ser verdad. Que tal vez había muerto, asesinado impunemente por aquella banda de malhechores. Pensé que mi alma me estaba jugando una mala pasada, que ahora se estaba separando del cuerpo e iniciaba su ascenso hacia el más allá. Todos los seres amados por mí se habían dado cita en mi mente para rendirme su último homenaje. Seguramente estaban velando mi cadáver y se acercaban a mí con lágrimas en los ojos. «Daniel», decían. Y yo quería creer que todo era mentira, que no había muerto, que todavía seguía vivo y que pronto terminaría aquella delirante pesadilla. Sentí que unos brazos me rodeaban y que alguien me hablaba con palabras que no entendía. Miré con ojos alucinados y vi que era mi padre. Quise abrazarlo pero tenía las manos atadas a la espalda. Lo último que recuerdo de aquella noche es el llanto de Alicia, pronunciando mi nombre.

Capítulo vigésimo cuarto

No quiero dejarte solo

DURANTE varios días estuvieron realizándose todas las gestiones policiales, forenses y judiciales para el esclarecimiento de los hechos.

Cuando me levanté de la cama ya había pasado casi todo. Mi declaración tuvo que posponerse por razones de salud. Mi padre y el teniente Vidal habían acordado que lo primero era recuperarme física y psíquicamente.

Irene había dejado de meterse conmigo. Creo que, en el fondo, estaba orgullosa de mí y me consideraba un héroe.

La tarde del segundo día tuve que ir al cuartel de la Guardia Civil con mi padre. El teniente Vidal me estaba esperando.

El rostro del teniente parecía más relajado que otras veces, pero su bigote seguía imponiendo autoridad. Nada más verme se levantó de la silla, me estrechó la mano hasta casi destrozármela y mandó a Gutiérrez que trajera unos refrescos.

–Vaya, hombre. ¿Cómo está nuestro pequeño detective?

Me puse rojo y miré de reojo a mi padre. Vidal soltó una risotada. Era la primera vez que lo veía tan distendido. Gutiérrez dejó los refrescos y se marchó en silencio. El teniente me alargó una lata, le entregó otra a mi padre y él abrió una tercera que vació de un solo trago, como era su costumbre.

–¡Ahhh! ¡Qué calor! –dijo, tirando la lata a la papelera y limpiándose el bigote con el dorso de la mano.

Me miró directamente a los ojos.

–Estarás satisfecho.

Permanecí callado.

–Llevaba más de medio año detrás de Sandor Krashenik, el enano, y su banda. Lo de Ricardo y Ángel vino a complicarlo todo un poco. Después sucedió lo del calvo. Y cuando estaba empezando a sacarle punta, vas tú y te metes por el medio.

Yo estaba turulato. No entendía ni media. Miré a mi padre, que me sonrió.

–Daniel, has tenido mucha suerte. Pero la vida no es un juego. Lo que el teniente Vidal quiere decirte es que te has inmiscuido en sus investigaciones y por poco te cuesta la vida.

–Desde que te vi aparecer por ahí con esa muchacha que te acompaña a todas partes, supe que te ibas a meter en problemas –dijo el guardia civil–. Así que decidí vigilarte.

–¿Vigilarme? –me extrañé–. Pues yo no he notado que nadie me vigilara.

El teniente soltó una risa.

–Claro que no. Mis hombres son unos profesionales. Y, además, he contratado para la ocasión a dos especialistas. Uno de ellos es tu propio padre.

Miré incrédulo a mi progenitor.

–Solo tenía que observarte –se defendió.

–¿Y quién es el otro espía, si puede saberse? ¡No me irá a decir que es mi madre!

–No, claro que no –dijo Vidal.

–¿Entonces?

El teniente y mi padre guardaron un cómico silencio. En ese momento se abrió la puerta y, antes de asomar su figura, adiviné por el olor de quién se trataba.

–¡Buenos días! –saludó el recién llegado.

–¡Don Matías! –exclamé poniéndome en pie.

–¡Hola, muchacho! ¿Cómo va esa salud?

Miré alternativamente a los tres hombres y descubrí que se estaban divirtiendo a mi costa. El teniente Vidal me señaló con el dedo índice de la mano derecha y me taladró con sus ojos oscuros, en cuyo brillo se mezclaban la admiración y el alivio.

–Hemos seguido todos tus pasos. A cierta distancia, claro. Cuando supe que te metías en la boca del lobo, no tuve más remedio que poner las unidades de la zona en alerta máxima. La noche en que esos criminales te prendieron estábamos todos prevenidos. Esa misma tarde estuvimos hablando tú y yo. Supongo que te acordarás. Te ordené que abandonaras el asunto, pero tú, erre que erre, terco como una mula, te empeñaste en prolongar tus averiguaciones. Supe enseguida que esa misma noche podría ser definitiva, por lo que debía actuar con discreción pero con contundencia. Matías me avisó de que iba a llevarte a Vera. Eso nos permitió controlar la situación y llegar al lugar donde pensaban acabar contigo antes de que se consumara la tragedia.

Volví a mirar a mi padre, a don Matías y al teniente Vidal, uno tras otro, y comprendí que los tres las habían pasado moradas por mi culpa.

–Afortunadamente todo terminó –añadió el teniente–. Has estado un día y medio en la cama por prescripción médica –miró a mi padre–. Los cadáveres de los tres traficantes han pasado a disposición de la policía judicial y del forense. Esta misma mañana hemos detenido al cuarto implicado, el dependiente de la tienda de juguetes, que se había largado nada menos que hasta Almuñécar. Lo van a traer hoy o mañana, para que preste declaración ante el juez que instruye el caso. Esperemos que su información nos permita dar con los cadáveres de los desaparecidos y localizar al quinto criminal.

–¿El quinto? –pregunté sorprendido.

–Sandor Krashenik tenía un hermano gemelo –dijo Vidal–. Se llama Tadeusz. Se quemó la cara en un incendio y desde entonces vive recluido, no sabemos dónde, aunque seguía colaborando con la banda. De eso sí tenemos pruebas. Confiemos en que la declaración del detenido nos permita poner el punto final a esta desagradable historia.

César Ortega era el titular de la tienda de juguetes de Vera que servía de almacén a la banda de Sandor Krashenik. Asesorado por el abogado de oficio que se encargaba de la defensa, se avino a confesar todos los horrores de la organización delictiva con el objeto de atenuar la condena que se le venía encima. En los interrogatorios previos al juicio, Ortega reconoció los hechos que se le imputaban. Reveló que Ricardo había sido asesinado la noche de autos y su cadáver lanzado al agua, atado a una viga de hierro, mar adentro, a unos tres o cuatro kilómetros de la isla de San Juan de los Terreros.

El teniente Vidal, que estaba al frente del interrogatorio, se había sentado en una silla, al revés, con los brazos apoyados en el respaldo, y miraba al detenido sin pestañear.

–Muy listos –exclamó Vidal–. Entre la Región de Murcia y Andalucía. Tierra de nadie.

–Querrá decir agua de nadie, mi teniente –puntualizó el agente Gutiérrez, que se encontraba presente en el interrogatorio.

Vidal lo miró perplejo.

–¡Coño, Gutiérrez! ¡No me jodas!

Pero enseguida se olvidó de su subordinado, se atusó el bigote con gesto mecánico y se encaró con el detenido.

–¿Y qué me dices del muchacho, Ortega?

El dueño de la tienda de los juguetes frunció el entrecejo.

–¿Qué muchacho?

–No te hagas el idiota, Ortega. El hijo del muerto. Se llamaba Ángel.

El interrogado permanecía sentado y esposado frente a Vidal.

–El niño no murió. Solamente quedó herido en aquella refriega. El tiro que le dispararon casi a bocajarro no le hizo más que un rasguño en la cabeza. Fue algo milagroso. Sandor lo ha mantenido con vida para chantajear a Basilio. O para utilizarlo como rehén o moneda de cambio en caso de que la policía le echara el guante.

–¿Dónde se encuentra?

–No lo sé –dijo Ortega secamente.

Vidal se levantó de la silla, dio un par de pasos por la estancia y se quedó mirando la pared, de espaldas al detenido. Antes de que abriera la boca, Gutiérrez le alargó una lata de refresco. El teniente la cogió sin molestarse en dar las gracias y echó un par de tragos en silencio. Luego se dio la vuelta y se quedó de pie, frente al interrogado.

–No me lo pongas tan difícil, Ortega. Sabes que tu colaboración será tenida en cuenta. Si te portas bien, es posible que puedas salir de la cárcel algún día para llevar a tus nietecitos al cine y comprarles palomitas. Si me tocas los cojones, te pudrirás de viejo en una celda.

–Lo digo en serio –replicó Ortega–. Sé que lo mantenían vivo, pero no sé dónde. El que se encargaba de eso era Tadeusz, el hermano del jefe, pero yo hacía tiempo que no lo veía. A mí no solían decirme mucho y yo no participaba en las noches de contrabando en la playa. La verdad, yo tampoco preguntaba. Cuanto menos supiera de sus chanchullos, mejor.

Vidal se había vuelto a sentar. Sus ojos parecían echar chispas.

–¿Quieres hacerme creer que el muchacho sigue con vida en algún lugar que tú desconoces?

César Ortega no se molestó en responder.

–¿Y que Tadeusz Krashenik lo está manteniendo vivo todavía?

El detenido torció el gesto.

–De eso ya no estoy tan seguro –masculló–. Si Tadeusz se ha enterado de lo sucedido, lo normal es que haga desaparecer al muchacho y ponga tierra de por medio. A lo mejor ni siquiera se molesta en eliminarlo. Simplemente lo abandona a su suerte.

Vidal y Gutiérrez se miraron estupefactos. El teniente ahogó una blasfemia, se acercó hasta el detenido y lo cogió por las solapas. Lo levantó en volandas.

– ¡Dinos dónde puede tener escondido ese hijo de perra al chico! ¡Te estás jugando la perpetua!

El detenido lanzó un soplido.

–¡Me ahoga!

Vidal lo soltó. Ortega se había puesto rojo. Carraspeó.

–Lo cierto es que no lo sé, pero puede que no ande muy lejos de donde tiraron a Ricardo. Es posible que tengan al muchacho en San Juan de los Terreros. Me suena haber oído algo, aunque no estoy seguro.

Todo el pueblo de Gélver se había movilizado. Teresa y sus padres pospusieron su viaje a Valencia en espera de acontecimientos. La televisión, la radio y la prensa habían tomado Gélver como centro de operaciones y no paraban de emitir informes, reportajes, entrevistas y documentales acerca del sureste peninsular y los problemas con las mafias de la droga.

Alicia no se separaba de mi lado en ningún momento.

–No quiero dejarte solo. No me fío.

En mi casa la habían aceptado como una amiga «especial». Sobre todo mi hermana Irene, que era la que había bautizado a Alicia con lo de «especial», y cada vez que lo decía no podía evitar una sonrisita.

Durante aquella tarde y la mañana siguiente, estuvimos aguardando las noticias que llegaban de los equipos de buceo y rescate de la Guardia Civil. Hacia las dos del mediodía encontraron el cuerpo de Ricardo, a unas cinco millas de la isla de Terreros, embarullado en un fondo rocoso y envuelto en algas, con la pierna derecha, o lo que quedaba de ella, atada a una gruesa cadena y una viga de hierro. Estaba descompuesto y devorado por los peces. Sin embargo, no se hizo pública su identidad hasta mucho después, cuando el forense confirmó que se trataba, en efecto, del cadáver del desaparecido Ricardo Torres Guzmán. Los equipos de rastreo siguieron buscando en la zona por si encontraban también el cadáver de Ángel durante cuarenta y ocho horas, hasta que se dieron cuenta de la inutilidad de la búsqueda. Al parecer, se confirmaban las palabras de César Ortega: Ángel Rosé seguía con vida y en paradero desconocido.

El entierro de Ricardo volvió a abrir antiguas heridas. La ceremonia fue sencilla. Todos los habitantes de Gélver asistieron a la misa y al sepelio de Ricardo como un cortejo de sombras silenciosas. Fue una tarde calurosa y triste. El cielo estaba pálido, moteado de pequeñas nubes amarillas, y parecía que la tierra exhalaba un vaho de desolación. Nadie mencionó el nombre del desaparecido que faltaba en aquella ceremonia, pero todo el pueblo tenía a Ángel en el pensamiento.

No quise mirar a Palmira en toda la tarde, porque me hubiera puesto a llorar por ella. Por Ángel. Por mí mismo. Por aquella historia infernal que parecía no tener fin. La vi rodeada de gente, más pálida que nunca, vestida completamente de negro, con las pupilas perdidas en la nada.

En más de una ocasión me tropecé con los ojos angustiados de Basilio. Unos ojos que parecían buscarme desesperadamente en mitad de aquel gentío oscuro y tumultuoso. Sentía su mirada triste y desesperada persiguiéndome entre el revuelo de llantos, gestos de rabia y palabras de resignación. A su lado, Adela no hacía otra cosa que escudriñar el suelo, como si le costara un gran esfuerzo enfrentarse al mundo. Teresa se encontraba con la mente en otra parte. No era capaz de ver a nadie porque sus ojos rastreaban la imagen imposible de Ángel.

Esa noche, Alicia y yo fuimos a dar una vuelta por el espigón. Yo no podía ni despegar los labios. Tenía la cabeza como un avispero.

–¿Qué piensas? –me preguntó de improviso.

La miré sonriendo y le tomé la mano.

–Que esta historia todavía no ha concluido. Ángel está vivo, Dios sabe dónde. Y lo terrible es que no tenemos mucho tiempo para encontrarlo. El reloj ya ha comenzado la cuenta atrás. Si no nos damos prisa, es posible que lleguemos tarde.

Caminamos sin rumbo cogidos de la mano. Alrededor, la vida bullía alegremente. Acompañé a Alicia a su casa y luego me fui a la mía. No tenía ganas de nada. Me apetecía estar solo. Y pensar.

Me encontraba a unos treinta metros de mi casa cuando, inesperadamente, de entre las sombras de la noche me salieron al paso dos extrañas figuras. Me quedé parado, tratando de reconocerlas, pero la oscuridad me impedía distinguir sus rasgos. Me puse en guardia mientras se me acercaban. Cuando estaban a unos tres o cuatro metros descubrí asombrado que eran Basilio y Adela.

–Perdona si te hemos asustado –dijo el hombre–. Queríamos hablar contigo sin testigos.

Mi intuición no me había fallado. El extraño comportamiento de Basilio durante el entierro de su hermano y sus furtivas miradas no habían sido figuraciones mías.

–¿Qué tiene que decirme? –pregunté ásperamente.

–Creo que ya sabes que nos vamos de Gélver.

–Sí.

–He de someterme a un tratamiento especial de quimioterapia. De momento, debemos irnos una buena temporada.

Adela permanecía en silencio.

–No sé cómo empezar, Daniel –siguió el hombre–. Lo que quiero decirte es que mi vida ha sido un error, un error monstruoso, y otros han pagado tal vez por mi culpa con su vida. O están a punto de pagar.

–¿Me está hablando de Ángel?

Basilio me miró con ojos de abatimiento y asintió despacio.

–¿Qué quiere decir? ¡Por Dios! ¡Hábleme claro!

La voz de Basilio se volvió temblorosa.

–Casi sin darme cuenta me metí en esto del tráfico de hachís. El caso es que ya no importa. Aquella noche maldita yo creí que Ángel también había muerto. Volví herido a casa y permanecí en coma un par de días. Cuando recuperé el conocimiento todo me parecía una pesadilla. Hasta que me llamaron por teléfono diciéndome que mi sobrino estaba vivo y que lo iban a mantener como rehén para que yo no me fuera de la lengua. Sospeché que aquello era un truco para asustarme y permanecí a la expectativa. Conocía bien a esa gentuza y sabía que tarde o temprano vendrían a por mí o a por lo que yo más quería: mi hija. Pero el tiempo pasaba y no nos hacían nada, aunque de vez en cuando me llamaban de nuevo recordándome que Ángel seguía vivo y que su vida dependía de mi silencio. Así de sencillo y así de siniestro. Ni siquiera tenía la seguridad de que aquello fuera cierto. Después de todo, mi sobrino podía estar muerto. Ha sido terrible vivir con esa angustia.

Adela me contempló con tristeza.

–El día que tú apareciste todo empezó a tomar un rumbo insospechado. Pensé que las cosas podían complicarse y decidí asustarte para evitar situaciones imprevisibles.

–Cuando me diagnosticaron el cáncer –susurró con amargura Basilio–, pensé que Dios me estaba castigando, pero comprendí que si yo moría sería el fin de Ángel. Nada les impediría eliminarlo porque ya no necesitaban comprar mi silencio.

–Pero, entonces –exclamé–, ¿dónde está Ángel?

–No tengo ni idea –declaró Basilio–. Tal vez muriera aquella noche y los bandidos usaran esa artimaña para tenerme amordazado.

–Pero, si está vivo…

–Si es así, ahora corre un grave peligro –dijo Basilio–. Una vez muertos los delincuentes, quien lo tenga retenido no dudará en hacerlo desaparecer. Supongo que será Tadeusz Krashenik, el hermano de Sandor, un tipo sin escrúpulos a quien la vida de un crío le importa muy poco. Ahora ya no tiene sentido mantenerlo con vida. Y si está escondido en un zulo, morirá de inanición.

Levanté los ojos hacia lo alto y contemplé el firmamento. Multitud de estrellas brillaban como luces extraviadas en el cielo.

–¿Y Teresa?

–No sabe absolutamente nada –confesó Adela.

–¿Por qué no lo han contado a la policía?

–Es lo que acabamos de hacer –dijo Basilio con la voz quebrada–. He reconocido mi culpabilidad y sé que debo pagar mis errores. Seré juzgado por ellos cuando el tratamiento médico finalice. Pero tanto Adela como yo hemos pensado que te debíamos una explicación. Era lo menos que podíamos hacer por ti: decirte de una vez por todas la verdad.

–Y pedirte perdón –concluyó Adela.

Capítulo vigésimo quinto

El misterioso acertijo

ME marché a casa con una sensación de vacío en el alma. No me hubiera importado cerrar los ojos y desaparecer para siempre. Me desnudé a oscuras y me tiré sobre el colchón. Una única pregunta martilleaba obsesivamente mi cerebro: ¿dónde podía estar Ángel?

Dormí mal. O mejor dicho, no dormí. Estuve toda la noche dando vueltas en la cama, obsesionado con la idea de que Ángel me estaba lanzando un SOS desesperado.

Al amanecer me levanté, tomé un vaso de leche fría y salí a la calle. Caminé sin ton ni son durante algunas horas, con la mente embotada y una sensación de derrota insoportable. A media mañana me perdí por los acantilados para no tener que tropezarme con nadie y estuve hasta el mediodía mirando el mar. Comí sin hambre y me tumbé sobre la cama porque creía que la cabeza me iba a estallar. Traté de dormir un rato, y cuando creía que me iba a volver loco, se hizo la luz en mi cerebro. ¡Cómo no se me había ocurrido antes! ¡Ángel había intentado comunicarse conmigo a través de los sueños! Repentinamente me acordé de mi libreta roja. Me levanté excitado y alcancé el cuaderno que descansaba entre mis libros. Con manos temblorosas abrí sus páginas. Allí estaba escrito lo que había visto en mi primer sueño: «Ángel Rosé. 37-21-1-40-CIII». ¿Qué diablos podía significar aquello?

Me vestí rápidamente, tomé la hoja con la anotación y bajé al jardín. Mi padre y don Matías jugaban al ajedrez a la sombra del ficus. Puse el papel sobre el tablero sin hacer caso de sus protestas.

–¿Qué puede significar? –pregunté sin preámbulos.

Don Matías tomó la nota y la miró con interés.

–La verdad es que no se me ocurre nada –reconoció el maestro después de unos instantes–. Parece un jeroglífico. No entiendo por qué hay números en árabe y en latín. ¿De dónde lo has sacado?

–Lo he escrito yo.

El maestro le pasó el papel a mi padre.

–Y si lo has escrito tú, ¿cómo quieres que sepamos nosotros lo que significa? –preguntó mi padre mirando las anotaciones–. Como no nos des alguna pista…

–Lo escribí hace tiempo. Una noche, nada más llegar a Gélver, tuve un sueño muy extraño –me dejé caer en una silla–. Un sueño en el que descubría una lápida con esa inscripción. Recuerdo que me desperté sobresaltado y apunté esos datos para que no se me olvidaran. Confieso que no había vuelto a acordarme hasta hoy.

–Los sueños sueños son –exclamó don Matías.

–Eso dijo Calderón de la Barca –añadí un poco picado–, pero no creo que la cita de Calderón nos ayude a solucionar el problema.

–¿Qué problema? –preguntó mi padre.

–¿Qué problema va a ser? El problema de Ángel Rosé. Tengo la corazonada, mejor dicho, la certeza de que estos números nos dirán dónde se encuentra.

Don Matías se levantó, tomó su bastón y sonrió abiertamente.

–Bueno, caballeros, en vista de que esta partida no va a continuar, propongo un paseo a pie. En el fondo me alegro, porque me había quedado sin la reina, sin una torre y sin los dos caballos. Admito honestamente que tenía perdida la partida.

–¿Un paseo ahora, con este sol? –preguntó intrigado mi padre.

–En efecto. Creo que sé quién nos puede dar la clave para solucionar el misterioso acertijo.

Mi padre y yo nos pusimos de pie.

–¿Quién? –quise saber.

–Nuestro queridísimo teniente Vidal, por supuesto.

La casa cuartel tenía la puerta cerrada. Don Matías se asomó a una ventana abierta y habló con el agente Gutiérrez.

–Perdone, necesitamos hablar con el teniente Vidal.

El guardia dijo algo incomprensible y se metió para adentro. A los dos o tres minutos se abrió la puerta y asomó el teniente.

–¿Qué queréis a estas horas? Me habéis pillado durmiendo la siesta.

–Tenemos que enseñarte algo, Antonio –dijo don Matías–. Y además, son ya las cinco y media.

El teniente miró su reloj y ahogó una maldición.

–¡Cojones! ¡Cómo pasa el tiempo!

–Entonces, ¿qué hacemos?

–Pasad, pasad.

–No es necesario que entremos –dijo mi padre, a quien aquella situación resultaba incómoda–. Si quiere, tomamos un refresco en la plaza.

–Está bien. Esperen un minuto.

En dos zancadas nos plantamos en la terraza de Nicolás, nos sentamos bajo una sombrilla y pedimos unos helados.

–¿Cómo va la búsqueda de Ángel? –pregunté al teniente.

Vidal me miró con abatimiento.

–Lo hemos intentado hasta la saciedad, pero no hay nada que hacer. En realidad es una empresa prácticamente imposible. Hemos dado vueltas y más vueltas por todas las poblaciones vecinas. No sabemos ya dónde buscar. No hay ni rastro. Y lo peor es que el detenido ha dicho la verdad: que no tiene ni pajolera idea.

Las palabras del teniente nos sumieron en un estado de abatimiento. El camarero interrumpió nuestras reflexiones silenciosas, puso los helados sobre la mesa y desapareció.

–Bueno, ¿y qué era eso tan importante que me queríais enseñar?

Le alargué la hoja en silencio. El teniente apenas le dedicó tres o cuatro segundos.

–¿Y bien? –preguntó don Matías.

–Y bien, qué.

–¿Qué puede significar? –insistió el maestro.

–Yo qué sé. ¿De dónde habéis sacado esto?

–Lo he encontrado yo –indiqué–. Necesitamos saber lo que quieren decir esos números.

El teniente Vidal echó un feroz mordisco al helado. Se limpió la nata del bigote con una servilleta y se quedó mirando los números como hipnotizado.

–Supongamos que esto es una clave –aventuré.

–¿Una clave? –inquirió Vidal, sin apartar los ojos de aquel papel.

Don Matías me echó un cable.

–Sí. Algo así como la combinación de una caja fuerte o una cuenta bancaria –propuso el maestro–. ¿Qué tipo de clave podría ser?

–Debe de indicar un lugar –insistí.

–¿Y por qué hay números en árabe y en latín? –preguntó mi padre–. Eso no tiene ningún sentido. Ningún código mezcla dos sistemas numéricos. Al menos, que yo conozca.

–Un momento –exclamó el teniente, mirándome–. ¿Has dicho que estos números se refieren a un lugar?

–Eso dije.

–Entonces podría tratarse de unas coordenadas –aventuró Vidal.

–¿Unas coordenadas? –repetí sin ocultar la excitación.

El teniente asintió.

–37-21-1-40 podrían ser las referencias de la latitud y la longitud –aseveró–. Pero en ese caso tendríamos cuatro posibilidades.

–Explíquese, por favor –pidió mi padre.

–Es muy sencillo. Las combinaciones posibles son cuatro, como les digo. Todo depende de dónde nos situemos en el mapamundi. Al norte o al sur del ecuador. Al este o al oeste del meridiano de Greenwich. Dicho de otro modo, podríamos hablar de latitud 37 grados y 21 minutos norte o sur, longitud 1 grado y 40 minutos este u oeste. Por lo que respecta a CIII, no sé qué decir. Ahí me habéis pillado.

–CIII significa ciento tres en latín –aclaró don Matías.

–Pues eso no lo entiendo –dijo Vidal–. Bueno, lo de las coordenadas no es más que una suposición, claro, porque estos números pueden significar cualquier cosa. A saber.

–Y suponiendo que sean unas coordenadas –propuso mi padre–, ¿qué lugar marcan exactamente?

Vidal se terminó el helado con un enorme mordisco, despachurró el cartón y lo dejó hecho un gurruño sobre la mesa. Luego se chupó los dedos sin miramientos.

–Para saberlo tendríamos que buscar en un mapa.

–Estupendo –exclamó don Matías–. ¡Mi casa está llena de mapas!

El teniente nos contempló entre divertido y extrañado mientras encendía un cigarrillo.

–Caballeros –dijo ceremoniosamente–, perdonen si mi torpe cerebro tiene las pilas gastadas, pero todavía no sé muy bien a qué estamos jugando.

–Creo que Ángel se encuentra en ese lugar, donde quiera que sea –expliqué.

El teniente Vidal me observó con dureza. Antes de responderme echó una calada profunda y soltó el humo.

–Mira, Daniel. Esto del chico desaparecido no es un juego, ¿sabes? Así que ya me estás contando de dónde has sacado ese dichoso papelito o me voy a enfadar.

Busqué con los ojos a mi padre y a don Matías y comprobé que habían dejado de sonreír. Si quería que el teniente Vidal me apoyara no tenía más remedio que confesarles a todos la verdad, desde el principio. Así que hice acopio de paciencia y resumí lo más cumplidamente que pude mis pesadillas. Cuando terminé de hablar, los tres se habían quedado muy serios.

–¿Me estás diciendo que esos datos los has sacado de un sueño? –bufó el teniente–. ¿Y pretendes que inicie una investigación con eso? –miró a mi padre con severidad–. Señor Villena, usted comprenderá…

–Lo siento, teniente Vidal –le interrumpí–. Lo entiendo perfectamente. Comprendo sus reservas. Pero le ruego que haga un esfuerzo, tal vez el último. He conocido a Ángel a través de mis pesadillas, puedo describírselo físicamente. ¿Por qué no dar el beneficio de la duda a esta pista, por extravagante que sea? Total, no tenemos nada que perder. Además, que yo sepa, no hay otro clavo ardiendo al que podamos asirnos.

El teniente me miró fijamente a los ojos. Sus pupilas echaban fuego.

–La propia Palmira me confesó que su hijo era capaz de comunicarse con su padre muerto. Yo he visto a Ángel y he hablado con él. Puedo jurarlo. En sueños me fue revelado el nombre de la lancha de los delincuentes: *Frau Rotschlange.* También en sueños pude ver el lugar en el que lo tenían secuestrado: el pasillo, las hornacinas con imágenes, la puerta con el aldabón… Demasiadas casualidades. ¿Cómo se llama eso? ¿Contactos paranormales? ¿Esoterismo? ¿Poder de la mente?

El teniente Vidal, don Matías y mi padre cruzaron miradas de desconcierto.

–Oye, jovencito, si te crees que esto… –farfulló Vidal.

–No lo creo –corté con una autoridad que me asombró a mí mismo–. Estoy completamente convencido de lo que digo: Ángel está vivo esperando que vayamos a liberarlo. Sospecho que está encerrado y abandonado. Ojalá no sea tarde ya. ¿Por qué no comprobamos lo de las coordenadas?

Mis ojos aguantaron la llamarada del teniente sin pestañear. Vidal gruñó algo por lo bajo, lanzó el cigarrillo a lo lejos y dejó el primer billete que sacó del bolsillo sobre la mesa.

–Está bien. Vamos a mi despacho y echaremos una ojeada. Pero ya puedes rezar si esto no es más que una tontería.

El despacho de Vidal estaba como siempre, atestado de papeles, carpetas, archivadores, folios y las inevitables latas de refrescos. Acercamos unas sillas de otro despacho y nos sentamos todos alrededor de la mesa. Rápidamente el teniente desplegó un mapamundi y no tardó ni tres minutos en poner el dedo sobre un lugar.

–Si nos situamos en el hemisferio austral, las coordenadas nos llevan a este punto. Observen. En el mismo océano Atlántico, a unas 3 000 millas de Ciudad de El Cabo, la parte más meridional de África. Ya casi en el Índico.

–Queda el hemisferio boreal –recordó don Matías.

–En efecto –aprobó Vidal sin levantar los ojos del mapa–. Si nos vamos hacia arriba, las coordenadas nos sitúan en el Mediterráneo. Una opción es aquí, junto a Argel, en medio del mar. En cuanto a la otra posibilidad…

El teniente se quedó con la mirada espantada.

–¿Qué pasa? –preguntamos todos asustados.

Vidal levantó la mirada y nos observó con cara de alucinado. Sus ojos estaban abiertos como platos.

–¡San Juan de los Terreros! –dijo con voz trémula.

–¡Todo tiene sentido! –exclamé–. ¡El cuerpo de Ricardo apareció cerca de la isla de Terreros!

–¡Y además, César Ortega habló de ese mismo lugar! –exclamó Vidal sin poder contener la emoción–. Hemos merodeado sin éxito por la zona, de manera rutinaria, sin encontrar nada, porque debe de tratarse de un zulo o algo así.

–Es posible que la clave sea esa cifra romana –apuntó don Matías.

–Seguramente –concedió Vidal.

–¿Y qué puede significar 103?– preguntó de sopetón mi padre–. ¿Y por qué en latín?

–Lo mejor será que vayamos a dar otra vuelta por San Juan –propuse yo–. Tal vez lo averigüemos allí.

–Conforme –aprobó Vidal levantándose y cerrando el mapa–. Estoy empezando a mosquearme yo también.

–Pues, entonces, en marcha –exclamé.

Eran las seis menos cuarto cuando el coche patrulla del teniente Vidal llegó a San Juan, una pequeña pedanía marítima de Pulpí, al este de la provincia de Almería. El paisaje era un secarral de esparto y tierra negra. Junto a la playa había unas salinas con arbustos y tamarices escuálidos, llenas de charcos entre cuyo lodo picoteaban gaviotas y garzas. El pueblo, que se encontraba atestado de veraneantes, era tan pequeño que a las dos horas ya no sabíamos dónde buscar.

–Hemos visto todas las calas –resumió Vidal–, hemos recorrido todas las calles y hemos visto todo lo que se puede ver en este sitio. Solo nos falta darnos un baño.

Nos habíamos parado en un barecillo poco concurrido que estaba junto a la carretera de Águilas, en la salida norte de San Juan.

–Bueno, caballeros –dijo el teniente–. No dirán que no lo hemos intentado. Vamos a tomar un refresco. Tengo la garganta como un horno.

Yo no paraba de darle vueltas a lo mismo: CIII. ¿Qué diablos querían decir aquellas cifras latinas? Ciento tres. Ciento tres. Ciento tres. En latín. ¿Por qué? ¿Ciento tres qué?

La camarera puso sobre la mesa tres cervezas, una naranjada y unas aceitunas negras. Los hombres se llevaron los botellines a la boca y los apuraron enseguida. Al momento se pusieron a conversar sobre otros temas. Yo bebía sin saber lo que metía en mi estómago.

Permanecía ajeno por completo a su cháchara, sin dejar de darle vueltas en la cabeza al jeroglífico del sueño. CIII. 103. Desasosegado, me levanté y me asomé a la carretera. La tarde había comenzado a caer. Pronto anochecería. Crucé al otro lado, donde se levantaba un pequeño montículo con un cartel que anunciaba la próxima construcción de bungalós. Miré hacia lo alto, por encima de las casas, y contemplé el cielo grisáceo. Ya fuera de la población, hacia la parte de Águilas, sobre un monte cercano al mar divisé una construcción. Me pareció un caserón grande y estropeado. Desde la distancia a la que estaba, no podía apreciar bien de qué se trataba. Volví a donde estaban los hombres.

–¿Qué es ese edificio que hay en la montaña? –pregunté sin sentarme.

–¿Edificio? –Vidal arrugó el entrecejo– ¿Qué edificio?

Los llevé a los tres a la otra parte de la carretera y señalé con el brazo.

–Aquello.

–Eso es la batería de costa de San Juan –dijo Vidal–. Está en ruinas.

–¿La batería? –preguntó mi padre–. ¿Qué es una batería?

–Una especie de castillo, que se construía para la vigilancia y defensa militar de la zona. Sé que hay algunos más en otras poblaciones y que son muy antiguos. Tal vez tiene doscientos o trescientos años.

–¿Y por qué no hemos ido a verlo? –pregunté.

–Ni me acordaba –reconoció Vidal–. Además, su estado es lamentable. Me extraña que siga en pie. Ahí no habrá más que reptiles. Vamos a echar un vistazo.

La carretera que nos llevaba hasta el pequeño castillo serpenteaba por una ladera árida, casi vertical. En menos de diez minutos conseguimos llegar a la explanada que se extendía ante la batería. La panorámica que se ofrecía a nuestros ojos era excelente, porque se veía toda la costa, desde más allá de Águilas hasta la playa de Garrucha. Frente a la pequeña población de San Juan, media milla mar adentro, podía apreciarse la isla de Terreros, negra y solitaria, en medio del azul oscuro del agua.

Bajamos del vehículo y nos acercamos a la deteriorada fortaleza. El portalón estaba roto y para llegar a él había que cruzar un puente semiderruido, tendido sobre el foso que circunvalaba la construcción. Aquello daba la sensación de estar abandonado desde muchos años atrás. Cruzamos el puente con algo de miedo, por si las maderas cedían a nuestro peso, y nos paramos ante lo que quedaba de la antigua entrada. Nos quedamos con la boca abierta. Por encima de la puerta, sobre la misma piedra de la fachada había grabada una inscripción: «Carlos III, 1764».

Capítulo vigésimo sexto

Final de trayecto

El teniente Vidal se acercó hasta el Land Rover, habló por el móvil y volvió junto a nosotros enseguida.

–He ordenado que venga una patrulla completa con armas y linternas. No sabemos lo que podemos encontrarnos. Y, además, dentro de media hora será de noche.

–Demos una vuelta al castillo mientras vienen –propuse.

La construcción, no excesivamente grande, se levantaba sobre un monte de piedra. La rodeaba completamente una enorme cavidad con forma de pasadizo de un metro escaso de anchura. Recorrimos el foso, mirando con detenimiento los sillares que lo formaban, por si encontrábamos alguna señal o alguna puerta camuflada, pero no vimos nada que nos llamara la atención. Por el lado del mar, el foso desembocaba en un acantilado. El acceso a la edificación por allí era sencillamente imposible. La batería tenía dos torres de vigilancia en la parte más alta, sobre lo que debería de ser una terraza de observación. Por las paredes se veían muchas troneras y pocas ventanas. Conté cuatro. Y en uno de los lados, el que daba al oeste, observé tres metros por debajo de la ventana un agujero que no tendría más de veinte centímetros de diámetro.

Estábamos perdiendo la paciencia cuando apareció el coche patrulla con el cabo Plasencia, el agente Gutiérrez y otros dos guardias más. La noche había caído definitivamente y en lo alto del cielo brillaban las primeras estrellas.

–A sus órdenes, mi teniente –se cuadró el cabo tan pronto como bajó del vehículo–. Viniendo para acá nos hemos tropezado con un accidente en el Pozo del Esparto.

–¡Plasencia, no me jodas! Llevamos aquí casi una hora esperando y la noche se nos ha echado encima. ¿Es que no había nadie más para atender el accidente?

–Pues no. Hemos tenido que esperar un rato, porque Segura y Ríos…

–¡Está bien! –cortó Vidal–. ¡No me cuentes tus penas! El plan es muy sencillo. Ustedes se quedan aquí.

–¿No cree que yo debería entrar con usted? –pregunté con valentía.

Todos los ojos se dirigieron hacia mí.

–En absoluto –zanjó el teniente–. Tú esperarás aquí con tu padre y don Matías. Primero entraremos nosotros.

Vidal y sus hombres atravesaron el puente sin decir nada. Llevaban varias linternas encendidas y las armas cargadas. Con el corazón encogido, los vi entrar y perderse en el interior de la batería.

No habrían pasado ni veinte minutos cuando Vidal y sus hombres regresaron junto a nosotros.

–Nada –informó el teniente–. Ahí dentro no hay absolutamente nada.

Aquellas palabras cayeron sobre mí como un jarro de agua helada.

–No puede ser –protesté–. Déjeme entrar.

–No hay problema –consintió el teniente Vidal–. Pero cuidado con el puente.

Vidal y el cabo Plasencia se pusieron al frente de la comitiva con dos linternas. Mi padre, don Matías y yo íbamos tras ellos. Gutiérrez y los otros guardias caminaban detrás de nosotros cerrando el desfile. El portalón de la entrada daba acceso a un pequeño vestíbulo de apenas diez metros cuadrados. Lo cruzamos y nos encontramos con tres corredores: uno a la derecha, otro a la izquierda y un tercero al frente. Tomamos este último, que era en realidad una pequeña rampa que desembocaba enseguida en una balconada.

Regresamos al vestíbulo y tomamos el pasillo que giraba hacia la izquierda. El corredor finalizaba en un hueco excavado en la roca que tenía aspecto de letrina. Lanzamos unas piedras por el agujero y escuchamos el ruido seco que producían al chocar con las losas del fondo. Vidal lanzó un grito y le respondió el silencio. Entramos en un cuarto cerrado, con una ventana minúscula que daba sobre el foso por la parte este de la edificación. Dos de las paredes tenían dos huecos que comunicaban la estancia con otras piezas, pequeñas y sin ventilación. Tanteamos los muros y observamos minuciosamente el suelo por si había alguna posibilidad de encontrar una estancia oculta, pero no descubrimos nada de interés.

Volvimos sobre nuestros pasos y nos dirigimos al pasillo que, desde el vestíbulo, torcía a la derecha. Al final de esta galería se abría un hueco con una escalera de pequeños peldaños, estrecha y muy empinada. No nos costó nada subir a la terraza, donde se alzaban las dos torres de vigilancia, que estaban unidas entre sí por lo que quedaba de las antiguas almenas. Desde la azotea se contemplaba toda la costa. El mar se extendía oscuramente a nuestros pies y por todas partes se veían las luces de los pueblos y las urbanizaciones. Bajamos la escalera y nos metimos en la última estancia que nos quedaba por ver. Era la más grande de todo el recinto. Yo calculé unos cuarenta metros cuadrados. Tenía una ventana sobre el foso y estaba orientada al oeste. En la esquina que daba junto a la ventana había un pequeño pozo, tan estrecho que una persona difícilmente sería capaz de bajar por allí. Enfocamos el fondo con las linternas y vimos que a unos cuatro o más metros había algo de agua. Lanzamos unas piedras y oímos el sonido del líquido. Vidal se asomó al brocal.

–¿Hay alguien ahí abajo?

El grito de Vidal resonó como una detonación en mitad del silencio sepulcral que nos envolvía. Aguantamos la respiración por si alguien contestaba, pero no conseguimos escuchar nada.

Me asomé por la ventana y vi que a dos o tres metros se abría, sobre el foso, un agujero de un palmo de diámetro.

–¿Qué puede ser eso? –pregunté al teniente.

Vidal se asomó y enfocó con su linterna el agujero.

–Pues no sé. Parece un desagüe o un conducto de ventilación.

–¿A qué distancia calcula usted que está?

–Dos metros y medio más o menos por debajo de nosotros. Tal vez tres.

–Es extraño –musité.

Dejé de asomarme al exterior y enfoqué la sala. Vidal y los demás hombres me miraron con interés.

–¿Qué es extraño? –quiso saber el cabo Plasencia.

–Observen ustedes –dije sin dejar de alumbrar el suelo del cuarto–. A menos de tres metros de donde estamos nosotros hay un colector que desemboca debajo de esta ventana. La cuestión es saber de dónde arranca el conducto.

Los ojos de Vidal centellearon en la oscuridad.

–¿Quieres decir…?

–Quiero decir –corté sin dejarlo terminar– que en algún lugar, no muy lejos de donde estamos nosotros, debe de haber una cámara, un depósito, un calabozo secreto o incluso…

Me quedé unos segundos con la frase sin acabar en los labios, mientras ordenaba mis ideas.

–¿Incluso? –preguntó don Matías intrigado.

–¡Un aljibe! ¡Claro! ¡El agua del pozo procede de un aljibe!

Tomé la linterna de mi padre y alumbré una por una las losas y las paredes de aquella estancia, hasta que mis ojos se detuvieron en una de las esquinas del fondo.

–¡Miren esto! –exclamé.

Todos se arremolinaron junto a mí, siguiendo con los ojos la dirección de la luz. Una de las piedras de la pared tenía escritas, entre las rugosidades de la arcilla, dos letras pequeñas apenas perceptibles. El corazón me dio un vuelco.

–F.R. –dijo el teniente Vidal–. ¿Qué bobada es esa?

–*¡Frau Rotschlange!* –grité–. ¡Es el nombre de la lancha del enano alemán, Sandor Krashenik o como diablos se llamara! ¡La lancha con la que cargaban la droga! ¡La lancha donde mataron a Ricardo Torres!

Sin esperar sus comentarios palpé la piedra, la empujé ligeramente y noté con estupor que se hundía unos centímetros en el muro, al tiempo que una de las losas del suelo se levantaba y dejaba al descubierto una abertura de un metro cuadrado.

–¡Por las barbas de mi abuelo! –bramó Vidal.

Descendimos por aquel agujero, uno tras otro. Un olor de moho y de humedad flotaba por todas partes. Al final de aquella escalera había un pasillo estrecho en cuyos laterales se veían pequeñas hornacinas con velas apagadas y que desembocaba en una gruesa puerta con una vieja aldaba de hierro. ¡Era el mismo lugar que yo había visto en mi primer sueño!

Miré a Vidal y esperé a que me hiciera un gesto afirmativo con la cabeza. Entonces comencé a tirar de la aldaba, mientras los agentes preparaban sus armas.

Abrí la puerta sin dificultad y uno tras otro penetramos en una cámara circular iluminada por dos hachas de cera sujetas a la pared con sendos candeleros. Mis ojos tardaron unos segundos en habituarse a aquella espesa penumbra. Cuando por fin pude inspeccionar el lugar, ahogué un grito de terror. Toda la sala estaba llena de muñecos amontonados como en un almacén de chatarra. Eran títeres rotos, oxidados, cubiertos de polvo y telarañas.

–¿Qué diablos es esto? –clamó el teniente Vidal.

Oí un apagado quejido en las sombras del fondo y escuché el percutor de varias pistolas accionándose alrededor.

Dirigí los ojos hacia las hachas de luz y observé que a sus pies había un jergón en el que alguien gimoteaba débilmente. Me acerqué como hipnotizado hacia aquel camastro sin advertir la siniestra figura que surgía de la oscuridad. Aquella aparición animal lanzó un aullido y, abalanzándose sobre mí, me clavó una cuchillada en el vientre. No tuve tiempo de reaccionar. El propio impulso del agresor nos hizo rodar por el suelo a los dos y, antes de que pudiera desembarazarme de él, observé con estupor que volvía a empuñar el cuchillo y se disponía a clavármelo en el pecho. Vi venir el arma hacia mí cuando una tremenda descarga de disparos lo hizo retorcerse como un muñeco epiléptico y caer a mi lado. Solo entonces pude darme cuenta de que era un enano y de que tenía la cara monstruosamente deformada.

Cuando me levantaron entre mi padre y el cabo Plasencia, apenas podía tenerme en pie. Notaba un dolor intensísimo en el vientre y me sentía mareado.

–¡Es Tadeusz Krashenik! –exclamó el teniente Vidal–. Hacía más de cinco años que no lo había visto. Desde el incendio que le desfiguró la cara.

Dejé de prestar atención a aquella conversación y me acerqué lentamente hasta el lecho. Me sentía completamente exhausto. El dolor era insoportable y mis dos manos no eran capaces de contener la hemorragia. Me estaba desangrando sin darme cuenta y, sin embargo, mis ojos permanecían clavados en el muchacho que yacía inconsciente en aquel sucio y maloliente camastro.

Acerqué mi rostro y lo reconocí. Tal como yo lo recordaba de todas mis pesadillas. Pálido, esquelético, el pelo rubio y ensortijado, los ojos extraviados, los labios hinchados, los pómulos salientes, con la cicatriz de bala sobre la sien izquierda junto a la oreja. Hubiera deseado hablarle durante muchas horas de su madre, de don Matías, de Teresa, de Alicia, de su padre. Abrí los labios para decir su nombre y en ese momento noté que alguien ponía una mano sobre mi hombro. Me di la vuelta y vi a mi padre junto a mí, con una expresión de ternura. Vi a su lado al teniente Vidal, enorme y bigotudo, contemplándome con simpatía, a don Matías, al cabo Plasencia, a Gutiérrez, y a los otros dos agentes vigilando por si había más sorpresas.

–Creo que esto es lo que se llama final de trayecto –exclamó mi padre.

Quise decir algo, pero tenía los ojos llenos de lágrimas y la voz estrangulada por la emoción.

Uno de los agentes calculó la fiebre de Ángel y le tomó el pulso.

–¡Tenemos que llevárnoslo de aquí inmediatamente! ¡Hay que ingresarlo en un hospital!

Justo entonces caí al suelo. Nadie se había dado cuenta hasta ese momento del enorme charco que se había formado a mis pies.

–¡Dios mío! –gritó mi padre–. ¡Mi hijo se está desangrando!

Lo que sucedió después ya no lo recuerdo.

Epílogo

ÁNGEL salvó la vida milagrosamente después de pasar algo más de un mes en la unidad de cuidados intensivos del hospital Virgen del Mar de Almería. Un tiempo después, él y Palmira vendieron las casas del pueblo y se marcharon a Barcelona, dispuestos a empezar una nueva vida. Según la última carta, Ángel se ha matriculado en segundo de bachillerato y tiene la intención de estudiar Medicina en la Universidad Autónoma.

Este año, Alicia y yo hemos empezado a cursar Periodismo en la Universidad Complutense. Ella comparte piso con otras dos chicas en la calle Vallermoso, no lejos de mi casa y nos pasamos el día juntos. Le estoy enseñando Madrid. Los fines de semana viene a comer a casa y algunas veces incluso se queda a dormir. Mis padres la consideran una más de la familia. Irene ya no es aquella niña insoportable que decía «guau», «protocolo» y «ectoplasma». Ahora se ha convertido en una adolescente insoportable y prefiere citar a Aristóteles.

En la facultad nos han pedido que redactemos una historia para la asignatura de Comunicación e Información Escrita. Un relato basado en hechos reales, se entiende. Mínimo, cincuenta páginas.

Esta tarde, mientras paseamos por el Retiro, le comento a Alicia que estoy pensando en escribir la historia de Ángel Rosé.

–Está bien la idea –me dice ella en tono burlón–. Siempre supe que aquel trabajito del instituto fue un truco para liarte conmigo. Ya va siendo hora de que cumplas tu palabra.

Junto a nosotros pasan parejas abrazadas, madres recientes llevando carritos con bebés o cincuentones haciendo *footing*. La vida variopinta y maravillosa.

Compramos dos paquetes de pipas y nos sentamos junto al estanque a ver morir el día. La tarde está limpia y fría, y comienza a soplar un aire otoñal. Un vientecillo húmedo arranca de los árboles las primeras hojas.

–¿Sabes? Estaba pensando que echo de menos tus camisetas de muchacha pacifista y tu gorra de vendedora de helados.

–¡Eres un mentiroso! ¡Nunca te gustaron! Se te notaba en la cara.

–Pero ¿qué dices? Si me tenías fascinado con tu indumentaria.

De pronto, observo que un joven de nuestra edad aproximadamente está sentado en el banco que hay a unos cinco o seis metros de nosotros, a la derecha. Lleva vaqueros y una camiseta de color azul a cuadros. Hubiera jurado que aquel banco se encontraba vacío unos segundos antes.

Alicia me echa los brazos al cuello y me estampa un beso en los labios.

–No sé cómo te quiero tanto, con lo embustero que eres.

El desconocido es delgado, alto, moreno, y tiene el pelo algo rizado. No hace más que mirarnos. Pienso que tal vez nos confunde a Alicia o a mí con otra persona.

–Ya tengo la primera frase para la historia –le digo a Alicia, tratando de olvidarme del mirón.

–A ver.

–«Nunca olvidaré el día en que vi el pueblo por primera vez». ¿Qué te parece?

Alicia se separa de mí, me mira con expresión crítica y tuerce el gesto como si hubiera masticado un limón.

–Psss. No está mal.

Y, sin decir nada más, vuelve a echarme los brazos al cuello y a llenarme de besos. Por encima de su hombro contemplo de nuevo al muchacho de azul, que sigue mirándonos obsesivamente. Mientras beso a Alicia, le susurro al oído que se dé la vuelta despacio y eche un vistazo, por si lo conoce.

Yo hago como que miro para otro lado y Alicia, disimuladamente, dirige la vista hacia el banco de la derecha, pero enseguida me contempla con ojos inocentes y me sonríe burlona.

–¿De qué muchacho me hablas?

Me doy la vuelta con rapidez, presa de un repentino terror, y al mirar el banco vecino compruebo angustiado que el muchacho de la camisa azul a cuadros ha desaparecido misteriosamente.

Como si se lo hubiera tragado la tierra.

Índice

Títulos publicados

1. Robert Swindells, *Calles frías*
2. Heinz Delam, *La maldición del brujo-leopardo*
4. Oriol Vergés, *Un pueblo contra los Hamid*
5. Anja Tuckermann, *Muscha*
7. José Luis Velasco, *Atrapado en la oscuridad*
9. Alfredo Gómez Cerdá, *El beso de una fiera*
10. Concha López Narváez y Carmelo Salmerón, *El visitante de la madrugada*
13. Fernando Lalana, *El paso del estrecho*
15. Heinz Delam, *La selva prohibida*
16. Jordi Sierra i Fabra, *Retrato de un adolescente manchado*
18. José María Latorre, *La leyenda del segundo féretro*
19. Els de Groen, *Casa sin techo*
20. Eliacer Cansino, *El misterio Velázquez*
22. Jordi Sierra i Fabra,
    Un hombre con un tenedor en una tierra de sopas
26. Christian Grenier, *El ordenador asesino*
27. Heinz Delam, *Likundú*
28. Concha López Narváez y Miguel Salmerón,
    Hola, ¿está María?
29. José María Latorre, *Pueblo fantasma*
30. Alfredo Gómez Cerdá, *La última campanada*
31. José Ramón Ayllón, *Vigo es Vivaldi*
33. Jordi Sierra i Fabra, *97 formas de decir «te quiero»*
38. Juana Aurora Mayoral, *Seis cerezas y media*
40. José María Latorre, *La mano de la momia*

41. Marisol Ortiz de Zárate, *Los enigmas de Leonardo*
42. José Ramón Ayllón, *Diario de Paula*
43. Concha López Narváez, *Los pasos del miedo*
44. Santiago Herraiz, *Jaque en la red*
46. Fernando Lalana, *Amnesia*
47. Jordi Sierra i Fabra, *En una esquina del corazón*
49. Roberto Vivero, *Hello Goodbye*
50. Heinz Delam, *La noche de las hienas*
52. Jordi Sierra i Fabra, *Sin tiempo para soñar*
55. Francisco Díaz Valladares, *La venganza de los museilines*
56. José María Latorre, *Después de muertos*
57. Marcial Izquierdo, *El último día de mi vida*
58. Francisco Díaz Valladares, *El último hacker*
59. Carlos Puerto, *Zumo de mango*
60. Jordi Sierra i Fabra, *Los olvidados*
61. César Fernández García, *No digas que estás solo*
62. Santiago Herraiz, *Llora Jerusalén*
63. Jordi Sierra i Fabra, *El funeral celeste*
64. Gianni Padoan, *Concierto de libertad*
65. José Ramón García Moreno, *Dos muertos y pico*
66. Francisco Díaz Valladares, *A orillas del mal*
67. Jordi Sierra i Fabra, *Anatomía de un «incidente aislado»*
68. Miguel Luis Sancho, *Días de lobos*
69. Jorge M. Juárez, *La misteriosa fragua de Vulcano*
70. Jordi Sierra i Fabra, *La canción de Mani Blay*
71. Concha López Narváez y María Salmerón, *El último grito*
72. Arturo Padilla, *Supervivientes detrás de las cámaras*
73. Enrique Páez, *Cuatro muertes para Lidia*
74. César Fernández García, *La niebla que te envuelve*

75. Andrés Guerrero, *Siempre estaré allí*
76. Eliacer Cansino, *El chico de las manos azules*
77. Francisco Díaz Valladares, *Terror bajo los hielos*
78. Juan Ramón Barat, *La sepultura 142*
79. Fernando Lalana, *La maldad o algo parecido*
80. Juan Ramón Barat, *Deja en paz a los muertos*
81. Juan Ramón Barat, *Clara en la oscuridad*
82. Jordi Sierra i Fabra, *Después del huracán*
83. Rebeca Álvarez, *If*
84. Daniel Hernández Chambers, *Muéstrame la eternidad...*
85. Arturo Padilla, *Prisioneros del mar*
86. Juan Ramón Barat, *Llueve sobre mi lápida*
87. Belén Conde Durán, *Luz y tinieblas*
88. Montserrat del Amo, *La vida no tiene música de fondo*
89. Juan Ramón Barat, *La noche de las gárgolas*
90. Jordi Sierra i Fabra, *Im-Perfecto*
91. Fernando Lalana, *El muerto al hoyo*
92. Juan Ramón Barat, *La Perla de Sanzio*
93. Josep Gòrriz, *Seiscientos euros*
94. Juan Ramón Barat, *La goleta de los siete mástiles*
95. Juan Ramón Barat, *La cripta negra*
96. Juan Ramón Barat, *El ojo de Polifemo*
97. Francisco Díaz Valladares, *El color de la oscuridad*

PARALELO CERO

Este libro se terminó
de imprimir en el mes
de diciembre de 2023